静かなリーダーが心理的安全性をつくる

川野いずみ

CROSSMEDIA PUBLISHING

はじめに

チームのパフォーマンスを最大限に発揮するために必要とされる「心理的安全性」。大切さはわかったが、結局、何をすれば心理的安全性をつくることができるのか？……そんなもやもやを持たれている方は多いのではないでしょうか？

本書では、わたしの働くＴＩＳ株式会社の事例をご紹介しながら、この疑問に答えていきます。

キーワードは「ｋａｉｋａ」です。「ｋａｉｋａ」とは、わたしが現在所属しているＴＩＳインテックグループのプロジェクト名で、本書のテーマである「心理的安全性」をベースとしたチーム力向上活動の取り組みです。「ｋａｉｋａ」は、文字通り、「開花」「開化」という意味で、人が組織で花開いたり、組織が新しい次元の文化を育むという意味です。

ここで少し、自己紹介させていただきます。

TIS株式会社 品質革新本部 エンハンスメント革新部の川野いずみと申します。TIS株式会社（以下TIS）の属する、TISインテックグループは「デジタル技術を駆使したムーバーとして、未来の景色に鮮やかな彩りをつける」をミッション（社会的役割、存在意義）とするIT企業です。わたしは1994年の入社から2022年3月まで、大半の期間を金融系システム開発チームのリーダーとして働いてきました。わたしたちのようなシステム開発の仕事においては、仕事は基本、チームを組んで実施され、ひとりで完結するような仕事は多くありません。ITそのものには関心が薄かったこともあり、いつも「どうしたら1人ひとりが幸せに働き、チームとして成果を最大限にできるか」ばかり考えてきました。

2022年4月、入社以来過ごしてきたDXビジネスユニットを卒業し、管理系部門である品質革新本部に異動しました。2023年8月現在、「TISインテックグループを最高のチームでいっぱいにする」というミッションで、TISインテックグループ約2万人を対象に、心理的安全性醸成をベースとしたチームづくりのお手伝いをしています。

＊　＊　＊

話は変わりますが、読者の皆さまはご自身のＷＩＬＬ（やりたいこと・軸）は明確でしょうか？

わたしは子どもの頃から「やりたいこと」がなく、もやもやしてきました。「やりたいこと」がなくても、勉強や仕事、家事育児の「やらなければならないこと」はたくさんありましたから特段困ることはありませんでした。

最近社会が急に自律的なキャリア形成を薦め、ＷＩＬＬ（軸）－ＣＡＮ（強み）を見つけることを求められるようになりました。自分のＷＩＬＬもよくわからないのに、部下のＷＩＬＬやＣＡＮを見つける指導をしなければならず、困っているリーダーの方も多いのではないかと思うのです。

「明珠在掌」という禅語をご存知でしょうか。わたしは株式会社ＺＥＮＴｅｃｈの心理的マネジメント講座で講師をされている島津清彦さんがお話されていたことで知りました。「答えは、自分の中（近く）にありますよ」という意味です。

わたしの「軸」は、「こんなことできちゃった！　という人を増やす」ことです。この軸に沿ったことが、わたしの「やりたいこと」です。わたしがずっとしてきた仕事は、チームリーダーとしてこの「軸」に沿った取り組みでした。これに気づくのに約25年もの歳月が必要でした。

まさに「明珠（宝）」は自分の手のひらの中に存在していました。それに気づくだけで、毎日がより充実した日々になりました。かつてのわたしのように、長年の環境や積み重ねてきた経験からできている自分の強みと「軸」に気づかず、何もない、と思われている方も多いのではないでしょうか。

「心理的安全性」と個人のＷＩＬＬ。一見するとつながっていないテーマのように思えますが、心理的安全性が確保された環境の中でなければ、個人のＷＩＬＬやＣＡＮは表出しません。

本音を話しても安心だ、と思えるから表出するのです。

組織として個人のＷＩＬＬやＣＡＮを見つけることを支援していくためにも、心理的安全な風土を醸成することが必要です。

＊　＊　＊

本書の構成は以下のようになっております。

第Ⅰ部では、「チームの心理的安全性のつくり方」として、ＴＩＳでの取り組み実例を公開していきます。組織開発の実例やサーベイデータをここまで公開するのは珍しいことかもしれません。なぜ、このようなことができるのか？　これは、ＴＩＳがオープンでオネストな組織であるからです。

第Ⅱ部では、「1人ひとりの開花」として個人にフォーカスし、1on1をはじめとする上司部下のコミュニケーション、マイパーパス、パラダイムシフトコミュニケーションといったテーマで書いています。ここでは、子どもの頃からやりたいことのなかったわたしが、「やりたいことだらけ」になった事例をご紹介し、読者の皆さまがご自分の強みや軸に気づくための参考になる方法をご紹介します。

第Ⅲ部では、TISのチームと組織づくりにお力をいただいた専門家の皆さまに、組織づくりと心理的安全性について解説いただいております。すべて、わたし自身が会社から参加させていただいた研修や自己啓発でつながらせていただいた著者の皆さまであり、皆さまなしではTISとわたしの今はありませんでした。

本書が、「なんだ。こんなことでよかったんだ。じゃあ、やってみよう！」と、チームと組織をよりよくしたいとお考えの皆さまが軽やかで大きな第一歩を踏み出せる機会になり、幸せに生産性高く働く日本企業を増やすことにつながればうれしいです。

２０２３年秋

川野いずみ

※本書の記載内容には、川野の個人的見解が含まれています。

PART 3 チームの心理的安全性づくり

PART 4 「連帯感づくり」の取り組み

PART 5

数字に表れた取り組みの成果

PART 6

心理的安全性をつくるリーダーとは？

Ⅱ部

1人ひとりの開花

PART 7 メンバーと自分の「メガネ」にご注意

PART 8 メンバーの力を引き出す 1on1ミーティングとコーチング

PART 9

マイパーパスと組織のパーパス

PART 10

強みと軸の気づき方

PART 11

「安心係」の存在と、行動し続けること

III部

心理的安全性を深めるために

心理的安全性を育む
「心理的柔軟なリーダーシップ」
株式会社ZENTech 代表取締役 石井遼介 …… 196

仕事の幸せ／不幸せが、
個人のパフォーマンスに大きく影響する
パーソル総合研究所 上席主任研究員 井上亮太郎 …… 203

キャリアを開発する
日本キャリア開発協会（JCDA） …… 209

「価値観」と「未来への意思」
株式会社Pallet 代表取締役 羽山暁子 …… 214

心理的安全性とコーチング
ビジネスコーチ株式会社 濱一成 …… 220

本文イラスト　田中基寛、石井恵子
DTP　安井智弘

I部

チームの心理的安全性のつくり方

心理的安全性の高いチームをつくるために必要なのは、「チーム」として集団を扱う以前に、互いが1人ひとりの存在を認め、相互信頼があることです。1人ひとりが自分の思いや意見を言葉にしようと思う前提には、安心感、が必要です。互いのことを知り合うと、距離感が縮まり、安心感が芽生えます。

石井遼介さん著の『心理的安全性のつくりかた』（日本能率協会マネジメントセンター2020）では、心理的安全性に必要な要素を次の4つの因子で説明しています。

- **「話しやすさ」因子**
  挨拶や雑談はもちろん、情報共有や懸念の確認、意見の表明が気軽に行うことができる、土台となる因子です。
- **「助け合い」因子**
  相談しやすく、必要な支援や協力を求め合え、トラブルに際しても建設的に問題解決に向かえるチームです。
- **「挑戦」因子**
  アイデアが歓迎され、素早くテストや試行錯誤ができ、失敗からも建設的に学び、軌道修正ができるチームです。
- **「新奇歓迎」因子**
  従来の常識にとらわれず、多様な意見・視点を受け入れ、メンバー1人ひとりの個性や強みを発揮できる状態です。

2023年7月、TISは、株式会社ZENTechが主催する「心理的安全性アワード2023」で、ゴールドリングを受賞しました。2019年度にわたしが所属していた部門で実施し、短期間に働きがい向上につながった取り組みを全社に広げている事例です。どれも、簡単な取り組みばかりです。当初の所属部門での推進者はわたし1人。現在は管理系部門に異動し、全社を対象に活動していますが、メンバーは数人です。

心理的安全性アワードの審査コメントを抜粋します。

「学びの機会づくり」「体験の機会づくり」「情報の横展開」の3つの取り組みを実施し、20以上の部門代表者が「チームに具体的な変化が起きた」「チームの心理的安全性が高まった」と変化を実感した取り組みです。強制や押しつけではなく、まずは部門長の手あげで取り組みを始めましたが、成果が出るにつれてそのほかの部門へも波及していき、数十に及ぶそれぞれの部門長と「心理的安全性の浸透の先には何があるのか?」等についてヒアリングの時間を設けるなど、細やかで粘り強いリーダーシップが見られました。結果、モデル部門では働きやすさが大幅に向上。他部門に展開した際も同様の成果が出ている点からも再現性とスケール性を感じました。

ＰＡＲＴ１からは、「心理的安全性アワード２０２３」ゴールドリングを受賞させていただいた、取り組みについてご紹介していきます。

みんな真摯に働き、いつも忙しく、リーダーの負荷が高い。人が育っていない気がする。仲が悪いわけではないけれども、働き方が何となく個人商店のようで、一体感を感じにくい。こんな、可もなく不可もない職場に、心理的安全な風土を醸成することで組織と人が開花していく。そんな事例として、参考にしていただけると幸いです。

PART 1

組織の風土づくりの「あたり前」を疑う

取り組み事例を社内外でお話させていただくと、必ず質問されるのが「苦労したことは？」ということです。

この質問にいつも困ります。正直、あまり苦労せず楽しく取り組みを拡げることができているからです。この本を手に取ってくださっている方の中にも、風土をつくる＝難しくて大変なこと、という考えが、もしかしたらあるかもしれません。

わたしたちは、様々なことに対して自分にとっての「あたり前」があります。そしてその「あたり前」に縛られてしまうと、新しい発想がしにくくなるだけでなく、行動のスピードが遅くなってしまいます。わたしが色々な施策に取り組み、スピード感を持って結果を出せてきたのは、「あたり前」にとらわれなかったことが大きな要因です。

1 問題は解決しなければならない

現在TISの中で心理的安全性づくりの序盤に実施している取り組みに「**もやもや吐き出し会**」があります。1人ひとりの見えないもやもや、不安を話し、見える化することで、**心理的安全性における「話しやすさ因子」を向上させることをねらいとしています。**

でもこの取り組みを提案をすると、「解決できないもやもやがいっぱい出てくると思うので、せっかく出してもらっても期待外れになってしまう。解決できないくらいならば、そんな場を持たないほうがよいのではないか」と言われることがあります。

しかし、実施後に一番よくある感想は、「他の人が考えていることがわかって安心した」「**自分だけが悩んでいたのではないことがわかって安心した**」というものです。

なんとなくもやもやした気持ちを抱えながら仕事をしていた人が、改めてもやもやを言語化する機会を得て、「**ああ、自分はこんなことにもやもやしていたのだなぁ**」と改めて

気づき、気持ちがすっきりすることもあります。

原因不明の頭痛だと怖いけれど、低気圧のせいだ、など、原因がわかると怖さがましになるのと同じだと思っています。

もやもやを心の中に封じ込めるのではなく、そう感じているのだ、ということを他者と共有し、聞いてもらい、否定せずに受けとってもらえることで、安心感が生まれ、「こういう話をしてもいいんだ。また話をしよう」と思えるのです。

また、**メンバーの話を聞いたリーダーは、そのことについて今は何も対処できないと感じたとしても、同じ課題を感じていれば、自分も課題だと思っている、と伝えることが大切です。**自分の感じているもやもやを、他の人はどう感じているのだろう？　もやもやを感じる自分がおかしいのだろうか？　と不安になるメンバーは、他の人がどう感じているのかがわかるだけでも、安心なのです。

そして、周囲がどう感じようとも、その人にある感情や解釈は、「**もやもやがある**」状態です。そんなことないよ、そんなのおかしいよ、と周囲が言っても仕方ないことです。たとえば、人不足で**どう見てもしんどい状況**なのに、すぐに要員追加はできないからとそれに触れず、「ある」はずの問題を「ない」かのように過ごすのは不自然です。そんなコミュニケーションからは安心感は生まれず、本音の会話になるはずがないのです。

問題は解決しなければならないのではない。解決できないことなんてたくさんある。でも、**問題の存在を見て見ぬふりをせず、皆で認めることがすべてのスタートになります。**

2 新しいことをしなければならない

何か取り組みを始めるときは、斬新で派手な活動をしなければならない、と考えがちです。何かお楽しみ会のようなイベントを継続開催しなければ、と考えたりもしがちだと思います。ですが、わたしがしてきた取り組みは、地道で小さな取り組みばかりです。

- 価値観、もやもやの見える化
- ありたい姿、目指す姿の言語化
- 振り返りとフィードバック

たとえば、「体調がよくないのでXXXXです」と連絡してきた人には、まずは「体調大丈夫?」と聞く、何かすごいと思ったら率直に言葉で伝える、助かったと感じたら「ありがとう」と伝える。そんな些細な行動も、心理的安全な風土をつくっていきます。

また、同じ組織の中にいると、**自分たちの特徴には気づきにくいものです。**自分たちにとってはあたり前のことだからです。また、わたしたちは、ついつい、できていないことに目がいきがちです。恵まれた環境、メンバーの強み、もっと言えば自分自身の強みにはなおさら気づきにくいといえます。

でも、気づくだけで、満足度や周囲への関心が高まり、活用のための行動が始まりますので、やはり気づくことは大切で、その機会づくりも大切です。

たとえば、わたしが所属する会社が割とよい会社だと気がついたのも、組織づくりでご協力いただいてきた外部の方々に、以下のようなことを言っていただけたことがきっかけでした。

・会社の基本理念が素敵だ

・自分の希望する研修に会社の費用で行かせてもらえるなんてすごい
・事業創出の機会が全社員に与えられているなんて恵まれている

以上のように、大切なのは、斬新ですごい取り組みをすることではなく、問題だけでなくポジティブな要素も含め、今あることに気づいて存在を認め、大切なことに向かって地道に行動することだと思います。

3 全員の賛同を得なければならない

「反対派をどう扱ったのですか?」とよく質問されますが、少し回答に困ります。というのも、元々全員参加、全員賛同を目指していないからです。

また、相手を「反対派」ととらえて会話をすると、対立構造をつくり出します。わたしはいつも**相手を「よい人」と思ってコミュニケーションをとるようにしています。**

たとえば、明確な目的がなくても人と集まることが好きな人もいれば、明確な目的がないのに人と触れ合うことを望まない人もいます。明確な業務目標に対して結果を出すことが最優先の人もいれば、結果に至るプロセスが重要な人もいます。人の価値観は色々。いいも悪いもない。

また、座談会やコミュニケーションをとるための掲示板的なものをつくっても、参加する人が限られている。だんだん固定化されてくる。どうしたら全員が参加するようになるか？　という悩みもよく相談されます。

わたしは何人かでも、参加してよかったと感じる人がいるのであればそのイベントは成功、半数以上が賛同していればそれでよいのではと考えています。元々何もなかった取り組みですので、やることすべてがプラスにしかならず、これが全員である必要はないと思うのです。大切なのは、全員が賛同し参加することではなく、少しでも仕事がしやすくなることです。

4 成果が出るのには時間がかかる

「成果が出るまで時間がかかったでしょう」

取り組みを説明させていただくとよく言われることです。これも、回答に困ります。わたしたちの取り組みでは、半年もせずに組織の健康度調査の結果に効果が表れました。

たとえば、たった1時間のワークショップの翌日から、チームの会話がしやすくなるかもしれません。成果が出るまでに時間がかかる、と思い込んで取り組むことで、目の前にある変化に気がつかず、もったいないことになるかもしれません。

すぐに結果が出るかもしれない、と考えながら取り組んでもよいのでは？ そのほうが取り組むのも楽しいと、わたしは思います。

たとえば、よくある若手のもやもやとして、「上司のスケジュールが打合せで埋め尽くされているので、どこにも隙間がなく、相談できない」というのがあります。

リーダーは、いざというときは打合せを調整し、部下の話を聞く裁量や力があるはずです。でも、目に見える事実で判断せざるを得ない若手は、話しかける勇気もなく、相談が遅くなり、もやもやする期間が増えて非効率。そんなことが日常茶飯事ではないでしょうか。

「もやもや吐き出し会」で、リーダーと若手が互いにこんな風に考えているのだと気づくだけで、次のアクションが始まります。たとえば、明示的にスケジュールの中に週1回「相談枠」という予定時間を設けるというような動きをとることができます。その枠では、誰でも気軽にリーダーに話しかけられるようになり、仕事がしやすくなります。

このような、小さな進化も成果のひとつです。

大切なのは、忙しい中で何かするのだから、すぐにひとつでも、小さな結果をつくるつもりで取り組むことです。

5 1人ひとりは扱えない

大きな組織を扱うとき、推進者は大きな方針を打ち出して大局的に進めるべきで、現場の1人ひとりの声を聞いている暇はない、と考えられている方もいらっしゃるのではないでしょうか。でも、わたしはこれまで、1人ひとりの声を大切に扱って推進してきました。

たとえば、2022年度、現場部門が感じている課題を知り、活動の意義を説明する意図で、15名以上部員のいる全部門に1回あたり30分のヒアリングを実施して回りました。

対象が110部門ほどある中、半年で80部門の部門長にヒアリングができました。アポとりと事前情報資料をチームメンバーが担当してくれて、部門長との会話はわたしが行いました。様々な部門にワークショップを実施したり、新しい研修を作成したり、と様々な業務を行いながらです。80部門程度であれば、なんとかなります。

そして、現場の生の声を聞くことは、労力をかける価値があります。

ヒアリング後には、各部の課題感を生の声として聞けたことで、全社に進めている取り組みが有効であろうということに自信を持つことができました。

わたしが所属していた部門で取り組みを開始する際も、50名いた部員全員に、ヒアリングをしていきました。その結果、アンケートやエンゲージメント調査だけでは把握できなかったことがわかりました。

イベントに集客する際も、1人ひとりにチャットで声がけすることがあります。チャットの文章の最初に、お名前を呼びかけるのですが、その部分だけ変更して同じ文面をコピペし、一言二言書き添えるだけ。さほど労力はかかりません。こうすることで、全員に対してお知らせメールを出すような一括の呼びかけとは雲泥の差の出席率になります。

また、毎回できるわけではありませんが、各種の取り組み後のアンケートで、気になるコメントを下さった方には、個別に話を聞くこともあります。聞いてみると、さほど大きな不満を持っていなかったりするものです。また、次の会をよりよい場にするための参考になります。中には、「賛同はできないけど、頑張っている川野さんの邪魔をするつもりはないよ」と言って下さった方もいました。

結局、1人ひとりを丁寧に扱うことで、欲しい結果が手に入る。そう、わたしは考えています。

先日、ある飲み会で、20名ほどの部員のいる部門に対して、新たな取り組みを行おうとされている方が、新しいことを始めると、こんなことを言う人がいそうだ、あんなことを言われそうだ、と心配されている姿を見ました。

「20人であれば、1人ひとりに話をしていったほうが早いし、確実ですよ」とお伝えしたかったのですが、飲み会の場で話をするのが苦手なわたしは、できませんでした。社外の方でしたが、本書のメッセージが届いているとよいなと思っています。

以上のような、風土づくりの「あたり前」とされていそうな、そして自分の行動を止めていそうなことを、一度本当にそうなのか疑ってみてもよいかもしれません。大切なことは、スマートに取り組むことではなく、少しでも早く、1人でもたくさんの人の働きやすさをつくることではないでしょうか。

PART 2

取り組み開始前の状況

ここからは、わたしが所属している組織で推奨している心理的安全性の醸成をベースとしたチーム力向上の取り組みをお話ししていきます。

①互いを知る機会づくり
②もやもや・心配事の見える化
③個人とチームの目指す姿・大切にしたいことを言語化
④個人とチームの振り返りによる成長支援
⑤1on1とコーチング

これらに取り組むことで、元々わたしが所属していた部門ではわずか1年で、「GPTW社員意識度調査」の「総合して働きがいのある職場か？」に「そう思う」と答えた人の割合が前年度より32％向上しました。

まずは、取り組みの対象部門をご紹介します。

1 課題は「個人商店」のような働き方

この部門はクレジットカードをはじめとする決済系のシステム開発と保守を担当する、部員50名ほどの部門です。

部員は穏やかでおとなしめなキャラクターの人が多く、言い争いもない、平和な部門でした。メンタル不調者も退職者もいるわけでもありませんでしたし、大きな問題があるわけではありませんでしたが、リーダー層がいつも忙しく、人がなかなか育っていませんでした。次の役職昇格推薦候補を誰にするのか？　頭を悩ませることのある部門でした。

当時の部門長は共創が生まれない「個人商店のような働き方」が課題だと言われていました。

システム開発の仕事は、個人ではなくチームを組んで取り組むことが大半なのですが、個人のスキルに依存した進め方になりがちでした。

その結果、自分ひとりで何でもこなせる人が育つ反面、他の人に聞けばわかったり、他の人の実績を真似すれば簡単にできることを各自が一から調べて実施し、非効率になっており、組織としてのノウハウが蓄積しない状態でした。

様々な取り組みの序盤、コミュニケーショントレーニングネットワーク®講師で、ミカタプラス代表であるペ・ホスさんをお招きして、部門風土についての座談会を実施したことがありました。この会に出席しようと思った理由を参加者に質問したところ、「他の人が何を考えているか知りたいから」と答えた人が複数人いました。

すぐ近くの席に座っているのに、会話をしないんだ、と驚きましたし、わたし以上に驚いていたペ・ホスさんの表情が印象的でした。

また、知人のファシリテーター松谷真弓さんにお願いし、ＳＤＧｓカードゲーム会を開催したことがありました。ＳＤＧｓカードゲームは、ＳＤＧｓの17の目標を達成するために、現在から２０３０年までの道のりを体験するゲームです。

目標を目指して活動をするのですが、日々の仕事の仕方がゲームの特徴にもはっきりと表れ、とても興味深いゲームになりました。

みんなで協力してはいけないというルールでもなく、誰もダメだと言っていないのに、「個人商店」みたいな働き方、つまり、チームとして目標を達成するのではなく、個人プレーでミッションを達成しようとしてしまいます。でも、皆理解が早いので、ゲーム中盤、ファシリテーターが少し解説をすると、すぐに動き方が変わります。

そして、強いリーダーシップをとって引っ張る人はいないのに、1人でも声かけする人がいるチームは、爆発的な成果を出すことができる、という結果でした。

色々な会社でSDGsカードゲームのファシリテーターをされてきた松谷さんがこれまでご覧になったこのゲームの最高得点は、TISのとある部門で実施したゲームとのことでした。

何度か自社内でSDGsカードゲームのファシリテーターをお願いしましたが、毎回、ゲーム冒頭の説明の際は、聞いているのか聞いていないか、よくわからない無表情な顔でいる社員が、ゲーム中盤の追加説明があった後、どんどん互いのコミュニケーションが増え、最後には大変満足そうな笑顔になる。理解度が深く、質問や感想が本質を突いたもので驚く、ともおっしゃっていました。

1人ひとりの意識次第で成果が大きく変わるのかもしれない、と感じる機会でした。

このように、当時は社外の方が見ても、個人プレーで成果を出す「個人商店のような働き方」が実在しました。

また、こんなチームがありました。以下、ご本人の快諾を得て記載します。わたしには、うまくいっていないことの一因が、「心理的安全性」がない状態であることに思えていました。

新規のお客様向けの短納期の開発。キャリア採用で役職昇格直後のプロジェクトマネジャーAさんの元、言い方が悪いですが、寄せ集めのメンバーが集まり、社員もビジネスパートナー会社さんもお客様も、すべて初めての人間関係の中からスタートしたプロジェクトでした。

Aさんご自身は、とても優秀な方でした。わたしは、「ああ。こういうプロジェクトマネジャーだと、効率的な新しい仕組みを導入し、部下に技術要素や効率的な開発の仕方を自ら教えることができるのだなぁ」と、長年、コミュニケーション力だけで開発のリーダーをしてきた自分との違いを感じました。

また、ご自身が優秀だからこそ、Aさんがメンバーに求める仕事の質も高く、メンバーにとって近寄りがたい存在でした。「悪いニュースを早くエスカレーション」など実現するわけもなく、期限になっても作業ができておらず、なんでできていないんだ？　というやりとりがよく見られました。

でも、わたしはAさんを責める気持ちにはなりませんでした。難易度が高く短納期で、Aさんの実力の高さに支えられていたような仕事だったからです。幸いAさんもわたしには本音を話してくださり、わたしはAさんとメンバーの間のコミュニケーションの橋渡しをしていきました。

Aさんを責める気持ちにならなかった理由のひとつに、Aさんへの最初の印象があります。実は、初めてAさんを見たのは、お客様とのマラソン大会でした。インフルエンザあがりで寒い中応援に来られたAさんに、いい人だなぁという印象を持ちました。この姿を見ていなければ、Aさんへの印象も自分の動きも違ったかもしれません。

体制が安定せず、不採算な状態の中、Aさんとわたしを支えて下さったパートナーのおかげもあり、何とかプロジェクトは完遂しました。お客様に提供したシステムは高品質で、システムリリース後の混乱もありませんでした。

ちょうどその頃、石井遼介さんが『心理的安全性のつくりかた』を出版されました。ある日の深夜、全員帰宅した後のAさんの机にその本を置いて帰宅しました。今回、この書籍を出版するにあたりAさんに取材させていただいたとき、「あの本置いたの、川野さんですよね」と言われるまで、その本について触れることはありませんでした。

Aさんは最近、また大型プロジェクトのプロジェクトマネジャーをされました。毎週1回、メンバーと「よもやま時間」という、メンバーの話をただ聴く時間をつくられていたとのことでした。業界の標準工期の4割しかない期間で、プロジェクトは無事完遂したそうです。

「仕事の仕方を変え、メンバーの話を聴くようにしました。川野さんの影響です」とおっしゃり、涙が出そうになりました。周囲の方の話を聞いても、Aさんは変わりましたよね。と言われます。

わたしもAさんには本当に感謝しています。周りから見たら優秀なAさんにも、メンバーとのコミュニケーションに難しさを感じている。凡人のわたしはこの間を補完できる。自分の強みは、ITに長けていないが、「安心係」として聴く能力がある。「この能力を活かして仕事ができれば最高だ」と気づかせてもらったのは、Aさんでした。そして、優秀なリーダーと、メンバーとのコミュニケーションギャップを埋める「安心係」がコラボレーションして、大切なことに向かえば、難易度の高いプロジェクトでもなんとか乗り越えることができる。リーダーだって1人で頑張らなくていい。組み合わせて成果を上げればいい。そのほうが質の高いものができあがる。

「心理的安全性」の4因子のうち、1人ひとりの強みを組み合わせて成果をあげる「新奇歓迎」をイメージできるきっかけになったのです。

なお、「安心係」については、PART11で説明しています。

TISで実施しているサーベイ

２０２３年９月現在、定期的に以下のサーベイが実施されています。

①社員意識調査

人事本部主管で１年に１回実施している、株式会社働きがいのある会社研究所（Great Place to Work® Institute Japan）の「働きがいのある会社」調査サービスを利用した働きがい・エンゲージメントの可視化です。最も重要なステークホルダーである従業員と会社との価値交換性を高める施策が、有効に機能しているかどうかを測定するための指標として活用しています。

②組織健康度調査

人事本部主管で半年に１回実施している独自調査です。マネジメントが人の「内発的動機づけ」に基づく行動原理を引き出しているか、社員が社会的に満たされた状態にあるかという観点で、組織の状態を測定・見える化しています。

③プロジェクト健康診断

品質革新本部が四半期に1回実施している独自調査です。アンケート形式で全メンバーの声を拾い、各プロジェクトの健全性や包含リスクを拾い、不芳化（よくないこと）を未然に防止する目的で実施されています。

お客様情報も含まれるため本書では詳しく触れませんが、SPI Japan 2021（ソフトウェアプロセス改善カンファレンス2021）のプロジェクトマネジメントセッションでも、「プロジェクト健康診断　～社員1人ひとりの心に潜む「不安」を吸い上げ、プロジェクトのトラブル予兆察知と未然防止！～」として発表されています。

http://www.jaspic.org/events/sj/spi_japan_2021/

2 「可もなく不可もなく」な組織

当時わたしは、開発チームのグループリーダーの傍ら、自ら手を挙げて所属している部門と事業部の働きがい向上・育成担当をしていました。所属する事業本部（約1200人）

全体の中で最下位という結果に、何か対策をしようと思いましたが、みんな何がそんなに不満なのか？　なぜこんなに働きがいが低いのか？　データだけでは理由がわからず、対策も考えられず、部門長と手分けして、部門のメンバー50名全員に、1人ひとりヒアリングをすることにしました。

約1200名の事業本部全体で最下位なのだと伝えると、驚く人が多い印象でした。「でも、じゃあ、どうだったら満足かと言われても、わかりませんね……」というコメントがよく聞かれました。

ヒアリングの結果見えたのは、大きな不満もないけれど、大満足かというとそうでもない。**「可もなく不可もなく」と感じている人が多い**ということでした。

個人についても組織についても、何がどうなったらうれしいのかわかっていない（考える機会がない）、成長実感もさほどなく、部員同士が何を考えているのか、いまいちわからない状態だったのです。

なお、先出の①社員意識調査は、質問項目に1（低い）〜5（高い）で回答し、積極的によい（4と5）と回答されたものだけがカウントされる仕様になっています。3（可もなく不可もなく）と回答したものはカウントされません。1や2の回答が多いのではなく、4や5が少なく3が多い。「可もなく不可もなく」と感じているのだと推測されましたし、ヒアリングの結果とも合致しました。

また、**若手の中には、経営層（部門長以上）が考えていることがはっきりとわからないと感じている人が多い**というのも新たな気づきでした。

日頃頻繁にやりとりしているわたしには、部門長以上の方々が何を大切にされているかがよくわかっていましたが、接点の少ない人は同じように感じているのではなかったのです。

部門長は優しいあたたかい方でしたが、頭の回転が速いので、お話の中に横文字や少し難しい言葉が多く、実は、理解の早いほうではないわたしは理解できないこともありました。信頼関係のある今だから書けますが、あたたかいお人柄に反して、近づきにくい雰囲気がなかったと言えばウソになります。でも、お話しする中で、部員の成長を一番大切にしていることを知ったり、オンライン飲み会で、お子さんに髪をぐちゃぐちゃにされるのを見たりすることで、何を話しても大丈夫という安心感をもつことができました。

そういえば、まだわたしが若い頃、頭がよくてクールな上司がおり、いつもドキドキしながら会話をしていました。そんな上司が、何かのメールに一言、「誰でも家族が一番大切ですよ」と書いてあったのです。それを読んだとき、なんだかほっとして、接しやすくなったことも思い出します。

3 忙しく活気がないリーダー層

同時期に実施された、社内の独自調査、組織健康度調査の結果も各部門にフィードバックされました。

これも、芳しくない結果でした。

調査結果から見えたことは、以下のとおりです。

図2-1　組織健康度 平均点（グレード別）

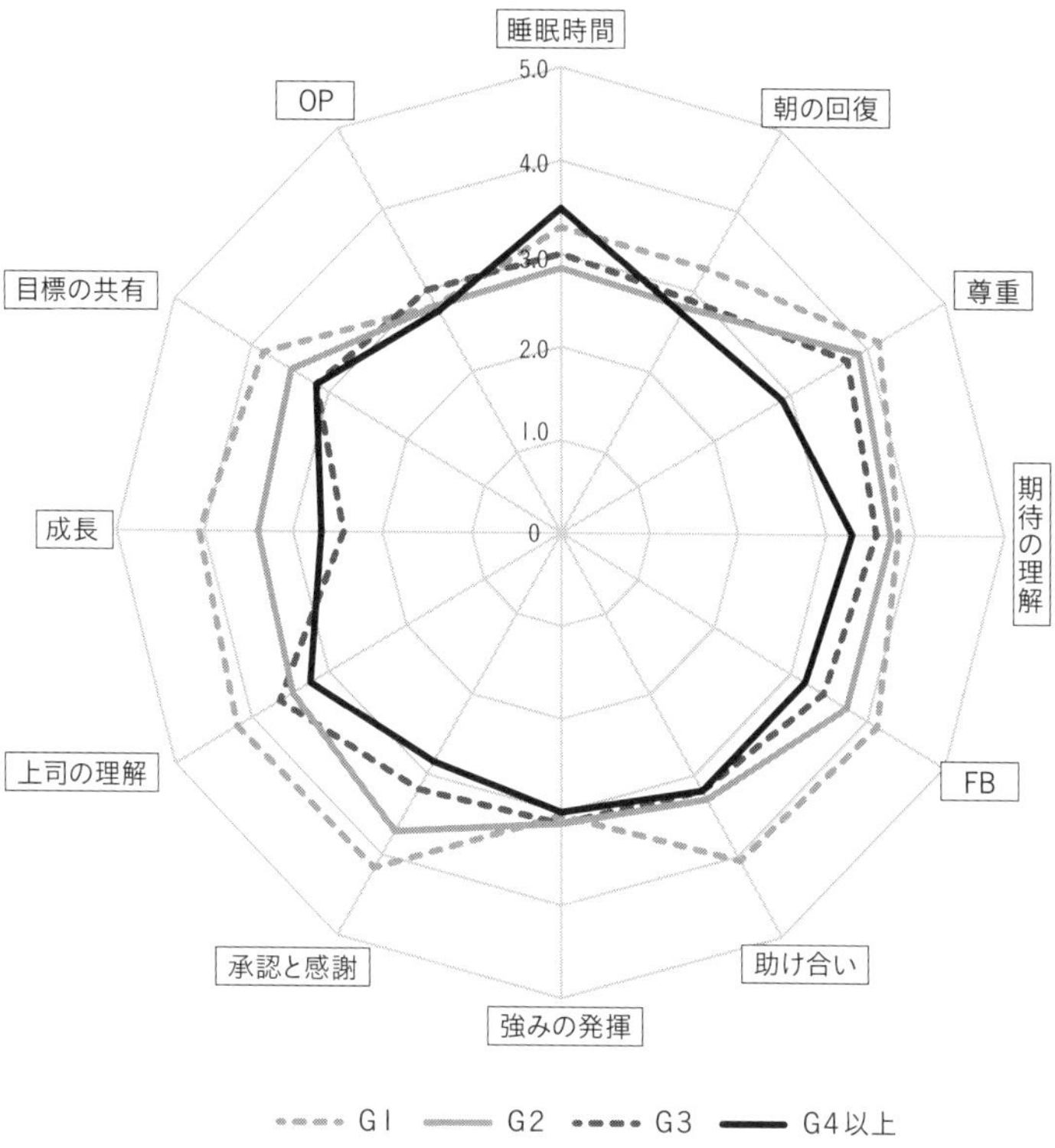

※グラフの凡例はG1→G4の順でより上位の職種を指しています。
なお、この職種名は2021年当時のもので、2023年現在、改定されています。

・若手は成長実感が高く、組織から大切にされている実感もある
・職位が上がるにつれて目標の共有、期待の理解が高くなるはずなのに、下がっている
・リーダー層の値が全般的に低く、元気がない
・基本理念「OUR PHILOSOPHY」（以下OP）の理解度が低い
・職位によらず「強みの発揮」の自覚が乏しい

正直、ああ……やっぱりそうか、と思いました。

人が育っておらず、リーダー層がいつも忙しい。若手を大切にしているので、新入社員をはじめとする若手は元気に過ごしている。

忙しくて人を育てることに時間を使えていないので、いつまでたってもこの構図が変わらない。リーダー層はいつもしんどい。

しかし、数字にすると、ここまでリーダーの状況はひどいのか……と衝撃を受けました。自分自身が、ここ数年、開発リーダーだけでなく、どんなに忙しくてもやりたいと思える、風土向上の担当として楽しく働いていたのであまりピンときていませんでした。

図2-2

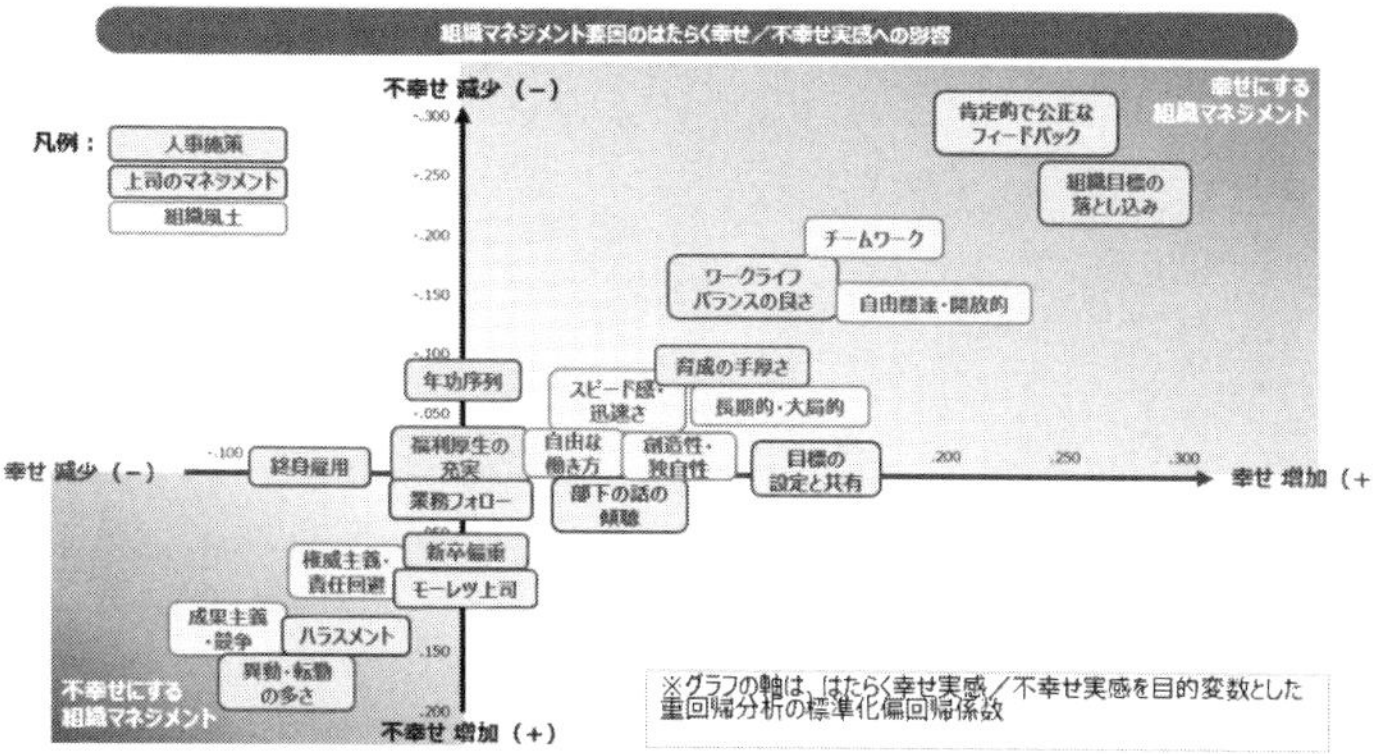

出所：パーソル総合研究所+慶應前野隆司研究室

部門を元気にするために、部門のキーパーソンであるリーダー層を元気にする施策が必要だと感じました。元気のないリーダーの元で元気なメンバーが育つはずがありません。講じた施策である、外部コーチングのサービス利用について、PART8で述べます。

そして、実は大きな課題として、組織の利益率目標を達成できない期が続いていました。

また、取り組みにあたって、図2-2のパーソル総合研究所と慶應大学前野隆司研究室の「組織マネジメント要因のはたらく幸せ／不幸せ実感への影響」の研究結果を参考にしました。

「幸せにする組織マネジメント」として、上司の「肯定的で公正なフィードバック」と施策としての「組織目標の落とし込み」のインパクトが大きいことを知りました。

上司のポジティブなフィードバックはそうだろうな……と感じましたが、「組織目標の落とし込み」がここまでインパクトのあることなのだ、と知りました。

ましてや、「どうなったらうれしいかがよくわからない」という声がたくさん聞かれた元々わたしが所属していた部門では、**組織が「どうなったらうれしいか」を言語化し、それに向けて活動を続けていくことが、幸せに働くことに必要なことであろう、と仮説を置きました。**

PART 3

チームの心理的安全性づくり

「何がどうだったらうれしいか、わからない」という部員の声から、まずは「何がどうだったらうれしいか」という理想の姿を言語化する必要があると考えました。言葉にしていない、具体化されていないことは実現しません。

そして、こういった本音を言語化するためにも、「話しやすさ」「助け合い」の心理的安全性因子が必要です。これらが存在する中で、「挑戦」因子が生まれます。互いの価値観や強みを知り合い、多様性を生かして柔軟なアサインで仕事をしようとする「新奇歓迎」の因子が生まれることで、これまでとは異なる次元の進化が生まれていきます。

また、行動を続け、進化していくために必要なのは定期的な「振り返り」です。

とくに大きな問題が発生しているわけではない。ただ、活気があるかというとそうでもない。そんな「可もなく不可もなく」の状態を「最高」の状態に開花させるための活動が、これからご紹介する取り組みです。

1 価値観の見える化

◈互いの価値観

「**その人が何を大切にしているのか**」がわかることは安心感をもたらします。とくに、リーダーがどんな人で、何を考えているのかがわかることで、メンバーは安心して接することができるようになります。

以下は、互いの「大切にしたいこと」を共有することで心理的安全性の「話しやすさ」因子の向上をねらった施策です。

この部門では、月1回、1・5時間程度の時間で、部門会議を実施していました。ここで、各事業の状況だけでなく1on1や会社の基本理念など、トップが大切だと考えていることを語っていただく時間を増やしました。これによって、トップの価値観を知ることができ、安心してもらうことをねらいました。

また、部門内でチームの異なるメンバー同士も互いの「人となり」を知ってもらうため、**月1の部会で1人1分程度で共通のお題で全員が語るというコーナーを用意してきました。**部会で実施したのは、ほぼ全員が出席しているからです。

任意参加の座談会では、この手のことに思いのある人しか参加しなくなってしまいます。そうでない人も含めて、なるべく多くの人が互いに知り合うことで、チームを越えたコミュニケーションのきっかけをつくろうと思いました。1人1分という短時間にはなりますが、部会での共有にこだわりました。たとえば、以下のようなお題で開催をしました。

- 今年を漢字1文字で表すと?
- 仕事で大切にしていること
- 新年の抱負（ほらふきOK）
- これなら自分にまかしておけ！　とか、苦じゃない！　と思うこと（仕事以外も含む）
- キャリアの志向性（簡単なチェックシートで診断）

実施後すぐに、ここで知ったことが雑談の機会になったとか、いつも上司が言うことの背景がわかり、腹落ちした、といった声が聞こえ、「接しやすくなった」という声もありました。また、「苦でないこと」を共有したことで、たとえばシステムの夜間作業など、自分が嫌いな作業を、好きな人もいるのだな、と知ることができ、仕事のアサインがしやすくなると感じました。

このように、互いの価値観が見える化されることで、心理的安全性4因子の「話しやすさ」に加え「助け合い」因子も向上させることができます。1on1、座談会、ミーティング冒頭にするちょっとした雑談も、内容次第ではこのような効果があります。

◈お題で語る

互いの価値観がわかるような会話をしたいと思っても、単なる雑談では、ネタが尽きるという声をよく耳にします。短時間で相互理解をつくるツールとして、Kirari☆Cartaというオンラインツールが利用できます。

お題の書かれたカードをめくり、1人ひとりがあらかじめ指定した時間に語る取り組みです。TV番組にあった「サイコロトーク」と主旨は似ています。自分が大切にしたいことが表れるようなお題になっており、少し自己開示することで、互いの心の距離が短時間で縮まります。たとえば、「これまでで一番うれしかったことは？」「やり直したいことは？」などというお題です。

わたしが所属していた部門で、当時ご自身だけ働くロケーションが異なるリーダーが、自分のチームの朝会で雑談コーナーを続けていました。忙しい中、毎日雑談コーナーを設けているということに心底驚きました。そのチームでこのカルタを利用してもらいました。メンバー同士コミュニケーションをとるために、雑談しようと思っても、話題に困ることもあるので、話題のネタとしてよい、という感想をもらいました。

その場で改めて互いの家族構成を知り合うような場面もありました。日々何度もZoom打合せは実施するものの、リアルで会って仕事をすることがほとんどないと、家族の話をする機会もないよなぁ……と改めて感じた出来事でもありました。メンバー同士、小さい子どもがいるのだ、などと家族構成を知っておくと、仕事がしやすくなるのは言うまでもありません。

現在、このKirari☆Cartaは、海外のビジネスパートナー会社さんとの関係づくりにも利用しています。互いのことを知るきっかけになり、たった1時間ほどのカルタ会で、顔と名前しかわからなかった関係が、距離感が縮まり、仕事がしやすくなります。

◈組織と互いの価値観

「大切にしたいこと」は、個人だけでなく、組織にもあります。どの組織にも何かしらうたわれているものがあるのではないでしょうか。わたしの働く会社には、グループ会社全体で基本理念があります。

理念の浸透と相互理解をねらった、毎週1回、交代で自分の好きな基本理念のフレーズを選択し、それにまつわる自身の経験を紹介していくメールリレーの取り組みをご紹介します。

工夫したこととしては、最初は事業部長や部門長等の上位層、そして、思いを強く持っていそうなリーダーから投稿してもらうようにしました。この取り組みを上位層も大切にしているということを示し、よい流れをつくろうと考えたためです。

当初は、投稿を嫌がる人がいるかもしれないと思いましたが、実際は、どの人も気持ちの入った投稿をされています。関心が薄いように見えて、実は他の人が何を考えているのかに興味があるのだなと感じています。

半年分の当番表を最初に配布するため、自分の担当回を意識して、毎週の投稿を読むようになり、無理なく基本理念の理解度が向上します。「会社が大切にしていること」と「自分が大切にしていること」の重なりを感じることで、エンゲージメントも向上していきます。こちらについては、Ⅲ部のアイディール・リーダーズ株式会社ＣＯＯ 後藤照典さんのご寄稿もご参照ください。

なお、この施策は手軽さもポイントです。推進者であるわたしが実施したのは、投稿の当番表を配布したことだけでした。それでも、組織健康度調査のアンケート項目「ＯＰの理解」が10カ月で成長したのは、この施策の影響が大きいと考えています。

以下、ご本人の許可を得て、実物を掲載します。

図3-1

〈例１〉

[redacted] 2022/01/14 13:15

CBU BondingLetter 第22号 オネスト

＜好きなＯＰフレーズ：オネスト＞

お疲れ様です。

[redacted]チーム　[redacted]です。


[redacted]システム、主に伝送系のシステムを担当しています。

私は[redacted]入社で[redacted]に配属され、2016年に大阪の[redacted]に異動し、今に至ります。（[redacted]県出身で、大阪採用東京配属でした）

私が好きなＯＰフレーズは「オネスト」です。

今回は（今になって思えば）私がオネストを重要視するようになったきっかけを語りたいと思います。


入社して5年目、上司から「[redacted]くん、お客さんのところに半分常駐してくれない？」と言われ、「いいっすよ！」と即答してしまったことから始まります。

当時は自分の担当システムについてはある程度詳しくなっていたのですが、顧客の業務内容については恥ずかしながらよくわかっていなかったです。

そんな状態で始まった半常駐ですが、案の定、顧客（特にユーザ部様）の言っている内容が理解できないことが多くありました。


「あー、困ったなー」と思っていましたが急に業務知識が増えるわけもないので、そこはある種割り切って、せめて誠実にだけは対応しようと考えました。

顧客の言っていることを自分なりに噛み砕いて伝えて確認したり、わからないのであればわからないと伝え、教えを乞う、といったことをしていました。

顧客の皆さん良い人で、教えてください、と言えば快く教えていただけました。

そんなこんなで2年近く半常駐を続け、大阪へ移動する際、一部の顧客の方から「非常に助かった、話しやすかった」などのご評価をいただきました。

自分がやっていたことでも役に立っていたんだと、とてもうれしかったことを覚えています。


ＯＰには「オネストであることは他との信頼関係を築く絶対条件であり、人間社会においても、企業間における関係においても極めて重要な姿勢です。」とあります。

上記の経験も相まって、オネストは非常に共感できるフレーズです。


とはいえ、上のように絶対条件だとか、人間社会とか企業間における関係とか、結構仰々しく書いてありますよね。

持論なのですが、人と人の関係は「何かしてもらったらありがとう、悪いことをしたらごめんなさいと言う」ということが大事だと思っています。

このような些細で当たり前のことが、総じてオネストに繋がるものじゃないかな、と思いました。

（偉そうですいません）


〈例２〉

[redacted] 2022/03/18 15:32　編集済み

CBU　BondingLetter 第30号　「幸せ追求」の社会システム

みなさんお疲れ様です。初めての人ははじめまして。

[redacted]です。

[redacted]システムの保守開発を主に担当しています。

楽しく過ごすのが好きなので、日々みんなで楽しく仕事できると良いなと考えて過ごしています。


[redacted]さんからこの数珠繋ぎのバトンを受け取り、OPを見直しました。

数あるフレーズの中で、一番気に入った言葉は↓です。

＜好きなＯＰフレーズ：企業は「幸せ追求」の社会システムである＞
（※企業の定義「企業は、価値交換を通して社会の期待や人びとの幸せに貢献する「幸せ追求」の社会システムである」より）

OPでは、企業の定義の説明の中で以下のように記載されています。

「TIGはステークホルダーと価値交換することによってステークホルダーの幸せ追求に貢献する社会システムとして存在し、
その価値を高めるとともに、私たち自身が掲げたミッションをより大きく実現するための存在なのです。」

ステークホルダーとは顧客だったり、取引先だったり、株主だったり、そして私たち従業員だったりしますね。

要はTIGに関わったみんなが幸せになる企業を目指しましょうってことですよね。それってとてもワクワクすることだと思いませんか。


関係者がお互いに幸せになれる関係を考えると、一方的な関係ではありえないと思います。

お互いが対等な関係で、かつお互いが相手のことを尊重して意見を出し合い、行動することでWinWinの（お互いに幸せな）関係を維持できるのかなと思います。


それは顧客でも、取引先（パートナーさん）でも、プロパーでも同じ。

相手が誰でも、指示に従うだけ、逆に指示通りに動かすだけ、という関係が続いていれば、そこから一歩踏み出して対等な関係として、意見を出し合い、少しずつでも付加価値をつけて幸せをプラスしあえる、そんな関係を目指していきたいな、と思います。


最近、研修等で「関係の質」を高めることで好循環サイクルを回しましょう！っていう話、よく聞きますよね。

好循環をくるくる回して、みんなで幸せになりましょう！

2 もやもや・心配事の見える化

PART1でも触れた、「今もやもやしていること・心配なことは?」というお題で、思いを話し合う会。チームや組織をよりよくするために、まずおすすめしたい取り組みです。皆が何を感じているのかを把握しないと、ポイントのずれた取り組みになるからです。

所要時間は1・5時間程度。事前に各自が思いをメモしてから集まると効率的ではありますが、最悪事前準備はなくても構いません。短時間ですが日々の業務が多忙な中、自主的には実施しにくいと考え、ワークショップ形式で開催しています。緩やかな強制力を持たせることで、忙しい中でも仕事がしやすくなる機会をつくろうと思いました。

チームに分かれて話をしてもらいます。リアルに集合した開催ができれば、互いの雰囲気から言葉以外で得られる情報が増えますが、オンライン開催でも構いません。その場合、オンライン会議ツールのブレイクアウト機能を使い、チームごとに分かれて開催します。

ただし、チーム内の関係が良好とは言えない場合や、明確な「チーム」がない場合、年代や職位別で実施したり、第三者を混ぜて共有する場合もあります。いずれにしても、人数は6人以下くらいが話しやすく共有もしやすいです。たとえば次のようなもやもやが共有されます。

・先輩はいつでも相談してね、と言うけれど、みんな忙しそうでいつ相談したらいいのかわからない
・次の開発工程の準備が不十分でなんとなく心配
・これ意味あるの？　と思う作業がある

そして、実施後に必ずある感想が、

・自分だけがそう感じているのではないとわかって安心した
・メンバーが考えていることがわかって安心した

です。

問題解決はできなくても、はじめて話題にできたことへの満足感と安心感を得られる場になります。また、短時間でもよいので、毎月、新たなもやもやが生まれていないか？

を確認することをおすすめしています。

こういった、朝会や進捗会議ではわざわざ言うほどのことではないけれども、実は気になっていることを言語化することで、取り組むべきリスクや課題が見えてきます。

『心理的安全性のつくりかた』（石井遼介著　日本能率協会マネジメントセンター　2020）では、心理的安全性の土台となる**最も重要なものとして「話しやすさ」因子があげられています**が、このもやもや吐き出し会では、「話しやすさ」因子が向上します。

3 チーム状況の見える化

今が最高のチーム状態とは思わない。では、何がどうなると最高の状態なのか？　という疑問に答える取り組みです。

チームの状況を示すカテゴリごとに質問項目の並ぶ独自の「チーム状況シート」を使い、チームで会話しながらチェックしていきます。チェックをしながら、互いの認識が異なる

図3-2　振り返り結果

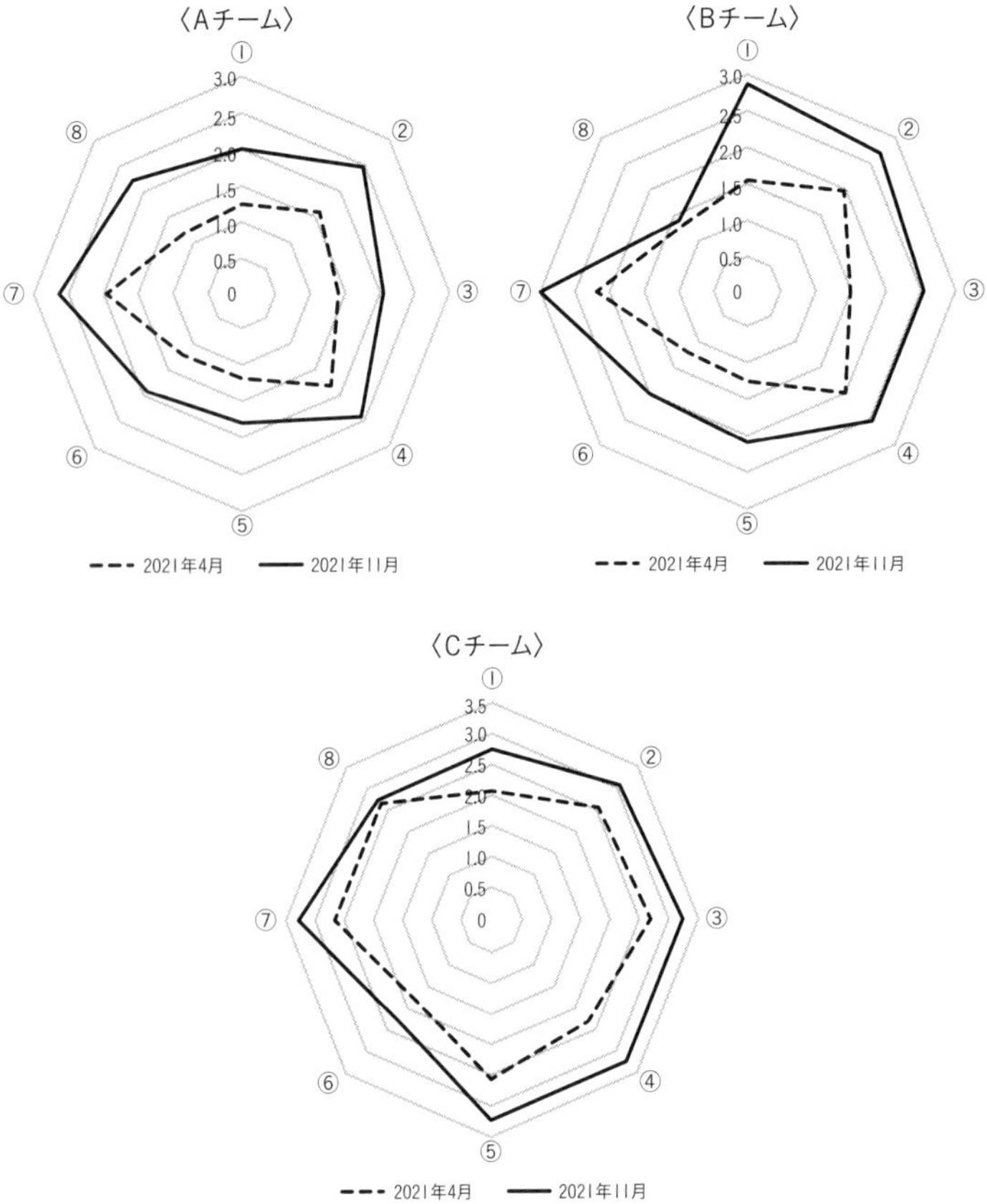

〈アンケート調査項目〉

①ミーティングの状態
② 個人のマインドおよび個人の状態
③マネジメント/インフラ整備：編成・分担・指示系統
④マネジメント/インフラ整備：お客様との関係
⑤見える計画づくり：背景・目的・目標の共有
⑥見える計画づくり：負荷量・課題が見える（振り返りに使える）計画
⑦合意と納得
⑧振り返り（日常の仕事の進め方に対する振り返り）

※日本能率協会コンサルティングの技術KIにおける手法です

部分を知ることができ、理想の姿の共通認識ができます。

また、数字で状態が見える化されますので、定期的に測定すると、前回からのチームの進化を実感できます。次の3チームとも、活動開始わずか半年で状況が大きく改善したことがわかります。また、次はここを伸ばそう、と心理的安全性の「挑戦」因子が向上します。

4 チームのありたい姿・目指す姿を言語化

よくある売上や利益やシステム障害の件数等、与えられる数字の目標ではなく、「自分たちが本当はどうしたいのか、どうだとうれしいのか、何を大切にするチームにしたいのかという本音を言語化する」ということです。

忙しい中、活動をするので、自分たちが心からこうしたい！　と思えることのためでなければ、取り組もうと思いにくいのです。自発的に活動をしていくためのポイントになります。

実現方法は深く考えなくてよいし、もしかしたら現実的ではない理想論でもよいのです。いつも「~するしかない」「~するべき」という思考で仕事をしてきたメンバーが初めて本音を言語化し、ここから人とチームが開花していきます。たとえば、次のようなことがあがります。

・いつでも休みたいときに休めるチーム
・いつでも聞きたいことを安心して質問できるチーム
・互いの弱みを補完し合えるチーム
・みんなで幸せを感じられるチーム。そのために、互いに何を幸せと感じるのかを理解し合っているチーム

忙しい中でも実施しやすいよう、1・5時間程度のワークショップ形式で実施しています。組織に、理念や社訓のある場合、このチームのありたい姿・目指す姿・大切にしたいことと、組織全体のありたい姿・目指す姿・大切にしたいこと、と共通部分が大きければ大きいほど、エンゲージメントの高さにつながります。

次に、半年後に実現していたい姿を言語化します。さらに、この後実現のために具体的

な行動計画をつくります。改めてメンバーで会話し、言語化することで、チームの目指す姿、ありたい姿、それに向けた行動計画についての合意形成ができます。

例で説明すると、一見わがままな目指す姿にも思える「いつでも休みたいときに休めるチーム」。いつでも休みたいのに休めない理由として、作業が属人化していたり、人が育っていなかったり、といった事情があります。いつでも休めるために、作業を手順化しよう、とか、XXさんを育てよう、といった行動計画が立てられます。同じ計画でも、自分たちの本音から出てきた計画と、上からふってきた計画とは、メンバーが取り組む姿勢が大違いになります。

5 振り返りによる気づきと進化

◈進化を感じられないとき、人は失望する

わたしはメンタルヘルス検定I種の資格を保有していますが、勉強の中で印象に残っていることのひとつが「人間は、進化を感じられないことがストレスの原因になる」ということでした。この進化は、成長と置き換えてもよいかもしれません。

なんとなくいつも頭に残っていた、かつて退職した若手2人が残していった次の言葉と結びつきました。

「リーダーに自分が感じている問題を話したら、『仕方ない。どうしようもない』と言われた。その言葉を聞いたとき、どんなに苦しくても変わらないのだと感じ、退職を決めた。リーダーが諦めてしまったら、メンバーはついていけないことをわかってほしい」

「長年改善したいと思っていたことの改善ができ、やりがいを感じていた。しかし、予算がないので活動はストップだとリーダーから言われ、もう一生変わることはないと思い、退職を決めた」

この2人の退職理由は、これだけではなかったと思います。でも、わたしはどちらのリーダーも真摯に働いていたことをよく知っていますので、さまざまな困難な事情がある中でリーダーも苦しかったであろうと感じました。将来有望に思えた若手メンバーから退職前に聞いたこの言葉が悲しく、今でも頭から離れません。

人は、組織や仕事の仕方が進化をしようとしていることを感じられなくなると失望する、というのは、こんな事例からもわかります。逆に言えば、俯瞰的にものを見て、進化しようとしていることを感じられることは幸せに働くことにつながるのだと思います。

次に、そんな進化を見逃さず気づくための取り組みをご紹介します。

◈定期的な振り返り

目指す姿に向けて、少なくとも月1回、その月に実施したチームと個人の行動を、振り返ります。時間は1時間程度です。もっと時間を確保できるのであれば、ゆっくり話ができます。でも、1時間という短時間でも、毎月コンスタントに確保することで、うまくいったこと、改善するともっとよくなること、に気づきが起き、次はもっと工夫してみよう、という進化につながります。また、新たなもやもやが生まれていれば、共有する時間になります。

これまで持っていなかった、月1回の、安心して「何でも話すことができる時間」が、チームに安心感を与え、自分の考えを言ってみよう、新しいことをしてみよう、という挑戦と一体感につながります。『心理的安全性のつくりかた』で述べられている「話しやすさ」「助け合い」「挑戦」「新奇歓迎」すべての因子が向上していくでしょう。

振り返りの質を担保するために、フレームを利用します。

Y（やったこと）、W（わかったこと）、T（次にやること）フレーム

翌月は、前月に定めたT（次にやること）を実施状況も含めて振り返っていくことになります。連続性が担保されるのがメリットな一方、Y（やったこと）が出来事ばかりになったり、W（わかったこと）がネガティブな要素ばかりにならない工夫が必要です。

なお、YWTのフレームは、日本能率協会コンサルティングの技術KIにおける手法です。

K（Keep）、P（Problem）、T（Try）フレーム

うまくいったこと、改善が必要なこと、次の挑戦、を明確に振り返ることができます。

他にも振り返りの観点のフレームはありますので、目的にあったフレームを利用するとよいと思います。大切なことは、どのフレームを利用するか、ではなく、定期的に振り返り

を実施し、進化をつくることです。

6 継続のための緩やかな強制力

◈共通のフォーマットを利用

計画と振り返り資料は全チーム共通のＥｘｃｅｌフォーマットを用意しました。活動開始時に定めた、チームのありたい姿、半年後の目指す姿、大切にしたいこと、具体的行動目標を記載し、この右側に毎月の振り返りを記載するようにしました。同じフォーマットの中に、理想の姿と、行動計画、そして振り返りを記録していくことで、毎月の振り返りの度にチームの理想の姿を意識することができます。

◈部門会議での共有

振り返りの結果は、毎月の部門会議の中で発表してもらうことにしました。発表があるとわかっていれば、振り返りをせざるを得ないので、活動が継続すると考えました。さらに、発表準備がなるべく短時間ででき、みんなが負担に思わないようにするため、制定のフォーマットのまま発表すること、発表は毎月の部門会議の中で3チームだけ、各チーム5〜7分。ポイントのみ、というルールにしました。

各チーム発表後は部門長からのコメントをいただきました。これにより、この活動と自分たちが部門として大切にされていることが自然に伝わります。

活動に慣れてくると、発表を若手がし始めました。日ごろチーム外で、発表する機会は少ない若手にとってもとても貴重な場になりますし、聞いている方も、この人はこんなことを考えて働いているのだなぁ……と知ることができます。発表も、大切な進化の機会として使うことができます。

◈対面での開催

事情が許すのであれば、対面での開催がよいかもしれません。やはり、リアルに集まると、自然に生まれる一体感があります。なお、定期的に出勤を促したくても言い出しにくいというリーダーの声を聞きますが、月1回の振り返りはリアルで実施、というのはチームに話しやすいのではないでしょうか。メンバーも出勤しやすいかもしれません。

図3-3

XXXX年度X期 チーム施策（XXチーム）

■チームのありたい姿（理想論でOK）、大切にしたいこと
※迷うようなら、OPメンバーシップの3つを確認してみよう！

■活動のスタイル
（OUR PHILOSOPHYの「スタイル」から選択 ex.シンプル、オネスト）

■チームが半年後に目指す姿

※「YWT振り返り」のポイント
結果や現状を様々な観点から見ることで、気づきを見つける。

観点の例‥頑張りや工夫、メンバーの発言・行動、目標とのズレ、感情、重要ポイント。

うまくいかなかったことだけでなく、うまくいったことの振り返りも！

■施策

→1か月後の振り返り記入欄

	現状	期末に目指す姿とのギャップ	施策テーマ	具体的な行動	いつまでに	誰が	Y（やったこと）
1							
2							
3							

→1か月後の振り返り記入欄 ← →2か月後の振り返り記入欄 ← →

Y（やったこと）	W（わかったこと）	T（次にやること）	Y（やったこと）	W（わかったこと）	T（次にやること）	Y

→3か月後の振り返り記入欄 ← →4か月後の振り返り記入欄 ← つづく…

Y（やったこと）	W（わかったこと）	T（次にやること）	Y（やったこと）	W（わかったこと）	T（次にやること）

7 活動に取り組んだメンバーの感想

取り組み始めに何を感じ、毎月取り組みを継続する中でどう変わっていったのか。以下に、これらの活動に取り組んできたメンバーの声を掲載します。

・今まで課題だったものの、手をつけていなかったことに、目を向けて活動できるよいきっかけになった。また、意外と時間をつくればできる活動だなとも感じた。不安要素だった活動意欲については、部会での発表の場があったことで、それぞれのチームが義務的だとしてもチーム内の課題解決に取り組むよい制約となった。
・自チームで課題となっていた開発担当者の受け身の姿勢という課題を解決できた。
・チーム力向上活動施策が大義名分となり、今までなら劣後させていたと思われる改善作業を実施することができた。
・現状の課題がチームとして共有できた。自分だけと思っていたことがみんなに共通しており、取り組むべき課題、目標がチームとして共有できた。

PART 4

「連帯感づくり」の取り組み

互いのキャラクターを理解し合えていないような場合、相互理解の機会をつくると、心理的安全性の「話しやすさ」因子が高まり、「助け合い」因子が生まれやすくなります。わたしが元々所属していた部門で取り組んだ、取り組みをいくつかご紹介します。

大切なのは、「業務が忙しい」という事実を受け入れ、その前提でできる活動を考えることです。

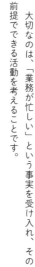

1 風土向上活動チーム「Ｆｏｏｄ」

各種取り組みの序盤、部門の風土向上活動に一緒に取り組むメンバーを募集したところ、8名の手が挙がりました。システム開発作業も多忙な中ですので、メンバーが負担に感じないよう、「ランチ時間だけを利用する」と決めました。

職場のすぐ近くが大阪・北新地で、高級店でもランチだと1000円で食べることができました。ランチを食べながら、ゆったりとした気分で会話できることもねらいました。

こうして、**部門長も含め月1回ランチを食べながら風土向上活動を行う、「Ｆｏｏｄ」というチームができました。**思いのある部門長もメンバーとして一緒に取り組むことで、細かな説明をしなくても、この活動が部門で大切にされていることが伝わります。この手の活動は、「若手におまかせ」「委員におまかせ」とするリーダーが多いのではないでしょうか。忙しいとは思いますが、毎回でなくてもいいので自分もメンバーとして活動することをおすすめします。そんな姿にメンバーは共感しますし、意思決定が早くできるので結果が出るのが早いはずです。

最初に、効果には触れず、メンバーが会社でやりたいと思うことをどんどん挙げてもらいました。テーマはあえて「**実務と関係ないこと**」に限定しました。

個人的な理由でもよいので、できたらいいなと思うことを声にして実現させることで、「**取り組んでよかった**」「**言ってみたらできるんだ**」**という体験**を積んでもらおうと思いました。今後の業務改善活動にもつなげることがねらいでした。

ケータリング宴会、ＢＢＱ、本棚の設置、マインドフルネスの会、メンバーが話してみたい人とお昼休みに語る会、ゲームの実施、などの声があがりました。そして、メンバーから出た取り組み案を、毎月２つずつくらい、次々実現させました。

なお、この活動へのＦｏｏｄメンバーの月平均所要時間は、１時間程度でした。ランチミーティングだけです。それ以外は、わたしや外部の研修会社、部門の庶務事項を担当してくれる方の力を借りて、Ｆｏｏｄメンバーへの負担は最小限にしました。

大切なのは、交流の場を設けて心理的安全な風土をつくり、仕事をしやすくすることです。みんなでアイデアさえ出せば、実現させるのは、必ずしも日々の業務も忙しいメンバーである必要はないと考えました。

なお、とある1人の希望で始まった取り組みであるマインドフルネス会は、株式会社Esprit代表であるアスリートコーチでコミュニケーショントレーニングネットワーク®講師でもある森美智代さんに講師をお願いし、2023年現在、全社活動に発展しています。

2「部員アルバム」

以前わたしの職場では、「ふれあいアルバム号」という、全社員の顔写真とお題に沿った一言コメントが掲載される冊子が年1回発行されていました。わたしが育児休暇中の号のお題が「今興味のあることは?」だったのですが、「短時間勤務の使い心地」と書いていた女性社員がいました。他部門の方でしたが、これをきっかけにその方にその年できたばかりだった短時間勤務の使い心地を聞くことができて、安心して制度を利用することができました。

また、顔を見たことのない他部署の人に電話をかける際は、まずはアルバムで顔とキャラを確認していました。顔とキャラがわかると、多少は安心して話ができたものです。

テレワークも増え、部員同士がリアルに会うことも少なくなり、部に誰がいるかわからないという声も出てきました。昔のようなアルバムがあれば、少しは助けになるだろうと、部門配属直後の新入社員に「部員アルバム」の作成をお願いしました。作成する中で、部員とのコミュニケーションも生まれ、新入社員が部門に溶け込む機会にもなるだろうと考えました。

内容も方法も何もアドバイスせずすべておまかせしたところ、びっくりする出来映えの素敵なアルバムができあがりました。若手が昔とは何か違う力を持っている！　と実感した出来事のひとつです。

あまりに素敵なアルバムができたので、新入社員にありがとうを伝えるため、部門のチャットグループで、1人ずつ感想を数珠つなぎしていくことにしました。雑談チャットに

図4-1　部員アルバム（イメージ）

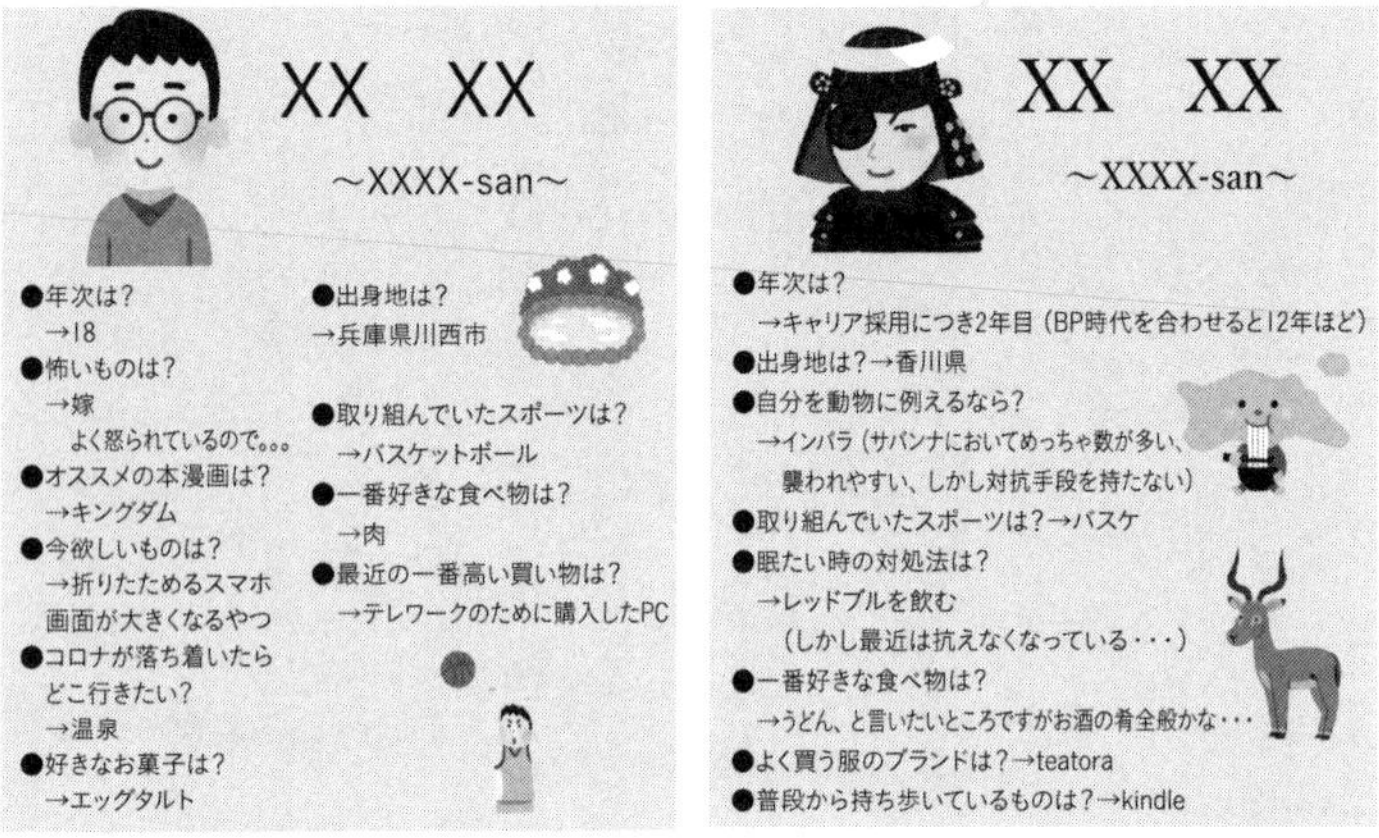
XX　XX
〜XXXX-san〜
●年次は？
→18
●怖いものは？
→嫁
よく怒られているので。。。
●オススメの本漫画は？
→キングダム
●今欲しいものは？
→折りたためるスマホ
画面が大きくなるやつ
●コロナが落ち着いたら
どこ行きたい？
→温泉
●好きなお菓子は？
→エッグタルト
●出身地は？
→兵庫県川西市
●取り組んでいたスポーツは？
→バスケットボール
●一番好きな食べ物は？
→肉
●最近の一番高い買い物は？
→テレワークのために購入したPC
XX　XX
〜XXXX-san〜
●年次は？
→キャリア採用につき2年目（BP時代を合わせると12年ほど）
●出身地は？→香川県
●自分を動物に例えるなら？
→インパラ（サバンナにおいてめっちゃ数が多い、
襲われやすい、しかし対抗手段を持たない）
●取り組んでいたスポーツは？→バスケ
●眠たい時の対処法は？
→レッドブルを飲む
（しかし最近は抗えなくなっている・・・）
●一番好きな食べ物は？
→うどん、と言いたいところですがお酒の肴全般かな・・・
●よく買う服のブランドは？→teatora
●普段から持ち歩いているものは？→kindle

は日頃さほど書き込みがあるわけではありませんでしたが、次の人を指名する方式にしたところ、部門の大半の人にコメントしてもらうことができました。

雑談チャットが盛り上がらないというお悩みをよく聞きますが、色々な人に書き込みをしてもらうために、このように次の人を指名する工夫もできます。大切なのは、自主的に書くことではなく、互いのことを理解し合い仕事がしやすくなることであるはずです。

以上が連帯感づくりをねらって取り組んだボトムアップの活動の一例です。

そしてこの半年の活動後、部員約50人に対して実施した部内アンケートの「風土がよくなったと思うか」という質問に、83％が「思う」または「とてもそう思う」と回答しました。

一定の成果が見えたので、引き続きメンバー同士の交流の機会をどんどんつくっていきました。アンケートで現場の声を聞き、部門長と副事業部長との定例会を実施しながらたとえば以下の施策をしていきました。

・メンバー同士の交流も目的にした、１on１スキルアップ、３６０度評価研修
・参加メンバーが自主的にＢＧＭを流す場で、画面・マイクＯＦＦでＺｏｏｍを接続し、互いのつながりを感じながら各々のタスクを実施する「つながりタイム」

ただ、「連帯感」づくりと単発ものの研修だけで、働きがいを向上させることには限界があります。一生懸命この手の連帯感づくりの活動をしているが参加者が限られ増えない、働きがい調査の結果が芳しくない、というお悩みを聞くことがあります。

目的が不明確なまま、連帯感をつくろう、と言われても、「連帯感」が向上した先に何を目指すのかが不明確なため、一定のところからはそれ以上を望まなくなるのかもしれません。

取り組みを続けているうちに、取り組むことが目的のような錯覚を感じることがあります。

何のために心理的安全性、連帯感のある組織・チームをつくりたいのか、組織・チームが何を大切にし、何を目指すのかを明確にし、そこに向けた取り組みをしていくことが必要です。

たとえば「X月にシステムを障害なく本番稼働スタートする」「X月に△△のイベントを開催する」「XXさんがX月に育休開始するまでに引継ぎをする」などです。目指すことが明確な場合、目指すことに向けた行動を重ねている中で、「連帯感」は後から自然についてきます。学校の文化祭や体育祭の準備をする中で、クラスに自然と「連帯感」が生まれていったのと同じことではないでしょうか。

PART 5

数字に表れた取り組みの成果

ここまでご紹介してきた各種の取り組みの結果が、
・働きがい調査
・組織健康度調査
・プロジェクトのリスク調査
にどのように表れているかをご紹介します。

1 取り組み後1年で社員意識調査で「働きがい」が32％向上！

ここまでご紹介してきた、元々わたしが所属していた部門の取り組み前後の3年間（2019年度～2021年度）について社員意識調査の変遷は以下のとおりです。

以下の数字は、2020年度→2021年度で、5段階の回答のうち、積極的によい（4と5）と回答したものの割合（％）です。

「信用」：45→64
「尊重」：58→72
「公正」：56→68
「誇り」：43→57
「連帯感」：46→61
「働きがい（総合）」：42→74

とくに、「働きがい」の数字が32ポイント向上したことがわかります。前年には働きが

図5-1　社員意識調査：前年比＋32pt

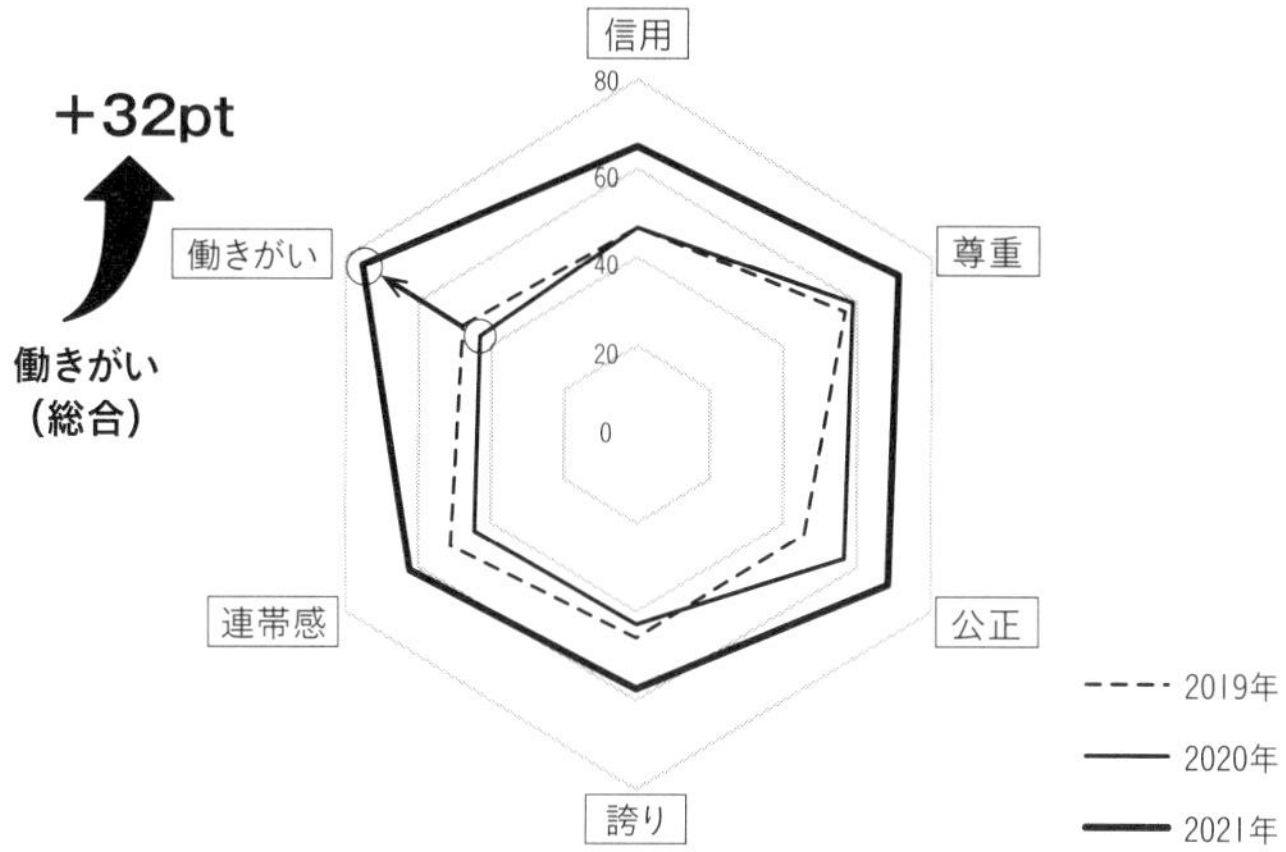
信用
尊重
公正
誇り
連帯感
働きがい
80
60
40
20
0
+32pt
働きがい
（総合）
2019年
2020年
2021年

いのある組織だと回答した人が42％だったのが、74％まで上昇したのです（図5－1）。これらは、全社の20名以上の社員が所属する組織の中で改善率No.1でした。

なお、この部門は翌年もさらに進化を続けています。

前年度比5％、さらに働きがいが向上しました。取り組みが仕組化していることで、継続しているのです。

また、組織健康診断の結果を比較すると、全グレードで各項目が向上し、とくにリーダー層の向上率が高いことがわかります（図5－2）。

また全グレードにおいて「強みの発揮」

図5-2　組織健康度調査 before/after（2020年11月／2021年8月）

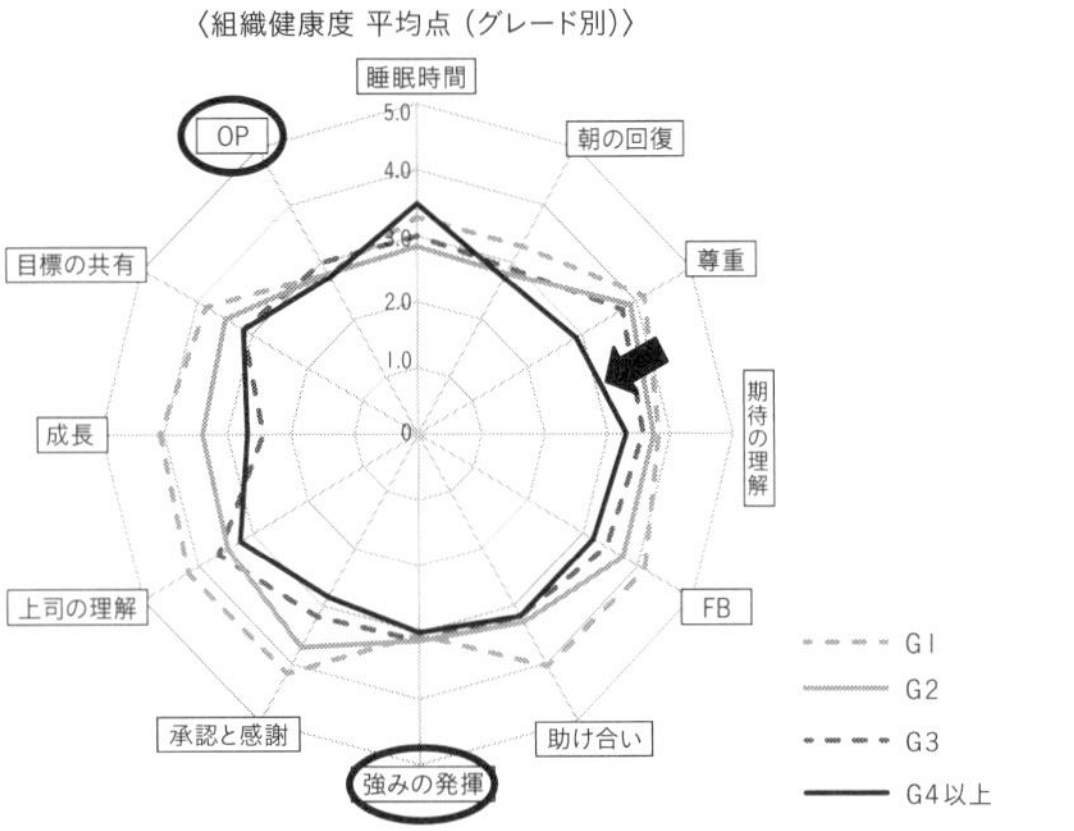

G1が高く、G3、G4が低い。「OP」、「強み」が3.0以下

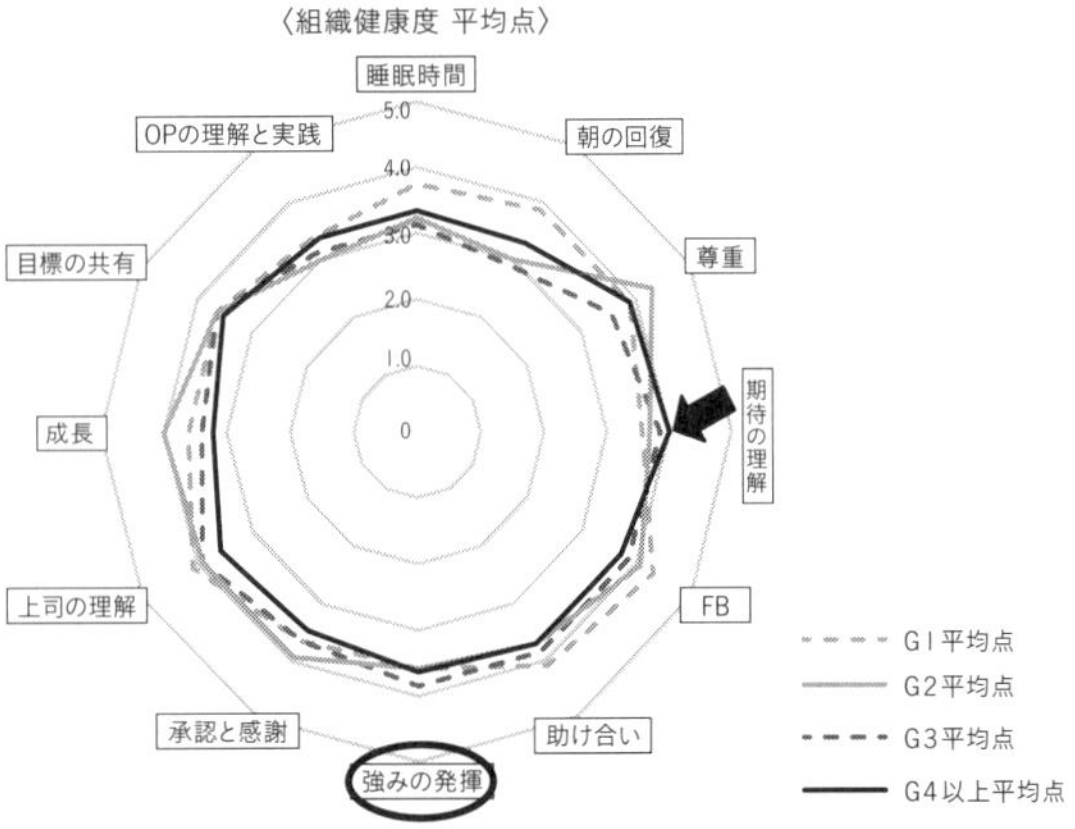

G3、G4も向上。すべてが3.0以上。「強み」伸び大

※グラフの凡例はG1→G4の順でより上位の職位を指しています。
なお、この職位名は2021年当時のもので、2023年現在、改定されています

「成長」が急成長していることもわかりました。

2 その他の数字に表れている成果

利益率についても、各種取り組みを始めた2019年下期から、2022年下期の間、増加を続け、11％増となりました。増加の要因は市場の影響等様々あるとは思いますが、組織とチームに心理的安全性が醸成され、話しやすさ・助け合い・挑戦が生まれ、人と組織が進化している結果であると考えます。

また、わたしの働く会社では、先述のとおり四半期に1度、プロジェクトのリスクを診断するプロジェクト健康診断を実施しています。この結果でも、これらの取り組みの成果と思われる数字が出ています。元々はプロジェクト毎にリスクを診断する調査ですが、部門全体の数字を集計したところ、2020年11月の取り組み開始後、「リスクを感じる」と回答する人の割合が減っています（図5-3）。

月1回の振り返り会や、日々のコミュニケーションで心理的安全性が高まり、思いを率直に伝えることができるようになり、リスクを共有できたり、早めの対処ができるようになった結果であると考えます。

このように、心理的安全性の醸成が、実務の生産性向上、プロジェクトの品質向上にもつながりはじめています。

この部門の成功事例を２０２２年度からグループ会社含めた全社に展開していますが、同様の取り組みを実施した部門でも、約10カ月で働きがい14％向上という数字に表れる進化を生むことができました。

図5-3 プロジェクト健康診断

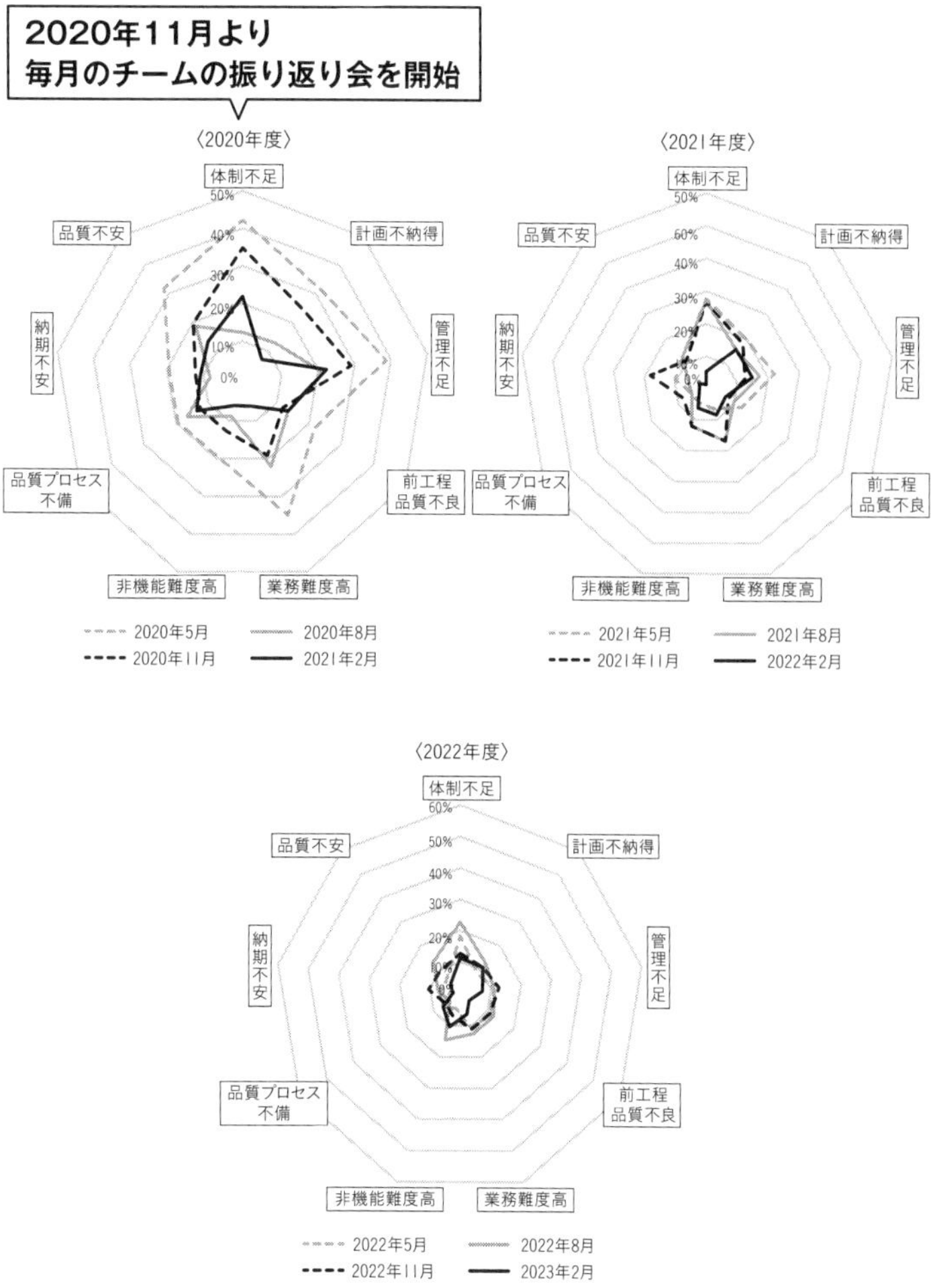

PART 6

心理的安全性をつくるリーダーとは？

以下に、わたしが考える、チームに「話しやすさ」「助け合い」「挑戦」「新奇歓迎」の心理的安全性をつくり、働く幸せをつくるために、リーダーに必要なあり方をまとめます。

『心理的安全性のつくりかた』で述べられている、「心理的柔軟」なリーダーシップです。このポイントを押さえて活動に取り組むことで、短期間に成果が生まれる可能性が高まります。

心理的柔軟なリーダーシップとは、「〜するべき」「〜でなければならぬ」という思考にとらわれず、そのときに必要なこと、機能すること、大切にしたいことに向かって、必要な行動をとっていくことです。

また、心理的安全で安心してものを言える風土に必要なことのひとつに、コミュニケーションのクリアさがあります。言っていることとやっていることに一貫性があり、オープンであれば、もやもやは生じにくいはずです。見える状態になっていることを扱えばよいからです。事実に、あることないことくっついて、それぞれの解釈にまみれたコミュニケーションは、トラブルの元です。

リーダーは、自らの言動で、コミュニケーションのクリアさをつくっていく必要があると私は考えています。

1 リーダーが本音を語る・引き出す

取り組みのスタートは、リーダーが本音を語ることです。これがスピード感を持った結果づくりの大きなポイントです。リーダーが本気で価値を感じて取り組もうと考えていること、チームをよりよくしていくために、メンバーの本音を聞きたいので何でも卒直に話してほしいということを、明確に示すのです。

言わなくてもわかっているだろうと考えがちですが、リーダーに近い人には通じても、若手などには通じていないことが多々あります。

実際、わたしが働く会社でワークショップを実施する場合は、会の冒頭にリーダーからのメッセージを話してもらうことにしています。リーダーがこの活動を大切に考えているのだということがわかると、メンバーはリーダーのお墨付きなので安心して本音を出していこう、と思えるのです。

取り組みが自発的に継続するポイントが、「本音」の思いが引き出せているか、だとわたしは考えています。

自発的に、「やってみてもいいかも！」と感じ、活動が継続するためには、自分たちが本当は何を望んでいるのかの本音を明確にすることからスタートするのがポイントです。

一方、人によっては「本当はどうしたいのか？」と質問しても、「こういう理由でできない」とか「こうやって実現する」とか、現実を考えて実現の道筋の立つことだけを言おうとします。現状が理想的な状態にはなっておらず、我慢が伴っているようなことも、我慢するのがあたり前になっていると、本当はこうしたい！　というのが封印されてしまっていることが多いのです。

こういった、やらなければならないことを多少の犠牲を払ってでもやり遂げている人がいるから、組織の仕事が成り立っており、わたしは、一定量こういった人がいることはむしろ望ましいと考えていますし、リスペクトしています。でも、組織にこれまでと違う次元の開花をつくろうとする場合、実現手段は横に置き、「本当はどうだとよいと思っているのか？」の理想を言語化しないと始まりません。

わたしはコーチングセッションで、「実現手段は考えず、魔法が使えるとしたらどうしたいですか？」という質問をよく使います。

人はついつい、どうやったら実現できるか、を考えながら「やりたいこと」を語ってしまいます。これが、理想の姿を思い描く邪魔になることがあります。「魔法が使えたら、どうだとうれしいか？」は、本音を引き出す、まさに魔法のフレーズだと思っています。

そして、このように、相手の力を信じ、本音を引き出すスキルのあるリーダーがいるかどうかで仕事の生産性と質が大きく変わるのではないでしょうか。

2 最初から完璧を求めない

完璧に計画する、仕上げる、たっぷり時間をとるとかを求めると無理が発生し、継続しません。ひとつでもできれば進化、ととらえ、無理なく続けることがポイントです。

元々なかった取り組みですので、何をしてもプラスになります。最初から完璧を目指さず、ひとつでもふたつでも、ポジティブなことが生まれれば成功くらいに考え、気軽に進めることがおすすめです。

また、たとえば前述の「もやもや吐き出し会」を例にとると、もやもやを「すべて」吐き出さなければならないとするのではなく、ある程度出してもらって、**「もっと話したかった。時間が足りなかった」と言う感想が出る**くらいが成功です。

このようにポジティブな反応が出れば、また次回も参加してもいいかも、と考えることができるからです。長時間かけて「すべて」吐き出そうと思うと、漏れがあってはならないとなり、どうしても苦しさが伴います。これでは長続きしないのが目に見えています。

また、開始にあたっては、**「お試し期間」**をつくるのもポイントのひとつです。具体的には、まずたとえば3カ月取り組み、そこで評価をする。どうも腹落ちしきれず、何かが改善した実感もないようであれば、その後の取り組みについては相談すると決めた上で活動を開始するのです。これにより、前向きに取り組みを開始しづらいチームや人も、取り組み開始のハードルが少し下がります。

規模の大きい組織に対して取り組みを行う場合、気軽に進められるよう、対象範囲を大きくしすぎず、まずは取り組みを先行してやってみる、リーダーが想いを持って進めようとしているモデル部門、モデルチームをつくることをおすすめします。1つ成功事例があれば、後発のチームは安心して真似ができるからです。わたしの働く会社でも、この方式で取り組みを広めています。

以上、大切なのは、忙しいことは前提とし、息切れせずに取り組みが続くよう、完璧を求めず、「やってみてもいいかも」と思える範囲で進めることです。

3 聞いてみないとわからない

自分の思い込みや固定概念で、メンバーのことを決めつけてしまっていることはないでしょうか？　たとえば以下のような例です。

・この研修はまだAさんには難しいだろう。だから受講したいかどうかは本人には確認

しない

・Bさんは、まだ子どもが小さいから昇格対象とはしないほうがよいだろう

・この仕事をCさんは嫌がっているだろう。だから1日も早くメンバーを入れ替えなければならない

実際はこんなことがあります。

・Aさん本人に確認してみたら、ぜひ受講したいとのことだった

・Bさん本人に確認してみたら、ぜひ昇格したいとのことだった

・Cさん本人に確認してみたら、別に嫌がっていなかった

リーダーが、メンバーの開花の機会を奪ってしまっています。

こんな残念なことにならないよう、わたしはとにかく**本人に確認してみること**を心掛けています。本人に確認すれば、自分の気持ちがすっきりするだけではなく、認識違いがおきず、面倒なことにつながるリスクを減らすことができます。本人が選択するので自主性も生まれます。

本人に聞いてみる。これは何よりの生産性向上策ではないでしょうか。

4 伝えてみてよかったと思える体験をつくる

メンバーが「伝えてみてよかった」という感想をもつことができるかどうかは活動が続くための大きなポイントです。

ちょっと勇気を持って思いを伝えてみたけど別に悪いことにはならなかった。ひどい目には合わなかった。だからまた言ってみてもいいかも。という安心感をつくることができると、次につながります。

よく、意見を言ってもらっても、叶えることができないから、聞くのが怖いという声を聞きます。すぐに叶えられなくても、リーダーに「そう考えているんだね。伝えてくれてありがとう」と言われるだけで、メンバーは伝えてよかった、また伝えようと感じるのではないでしょうか。

5 1人ひとりを大切にする

◈メンバーを知る

メンバー1人ひとりに興味関心を持ち、知ろうとすることが必要です。知ることで信頼関係が生まれ、想いや強みがわかり、仕事のアサインに生かすことができます。

たとえば、これまでどのような仕事をどのような気持ちでしてきたのか。苦と思わない仕事と、やっているけれど本当は嫌だと思っている仕事は何か。どんな価値観、行動特性があるのか。自分に興味を持ってくれる上司と、無関心な上司のどちらに対して心を開くか、本音や意見を言おうと思うか。想像すればすぐにわかることです。

プライベートなことは質問しにくいとおっしゃる方がいますし、そう感じられるのもわかります。質問する意図、把握しておきたい意図もあわせて伝えることで、質問しやすくならないでしょうか。たとえば、家族構成を質問するのは、もし小さな子どもがいるようであれば、何かしらの配慮が必要かもしれないから知っておきたいのだという理由も添えて質問します。また、わたしは、質問しにくいと感じていることをそのまま相手に伝えています。「質問しにくいんだけど……」「聞いていいのかわからないけれど……」という感じです。

◈名前を呼ぶ

その昔、交渉が難しいお客様と先輩の電話の会話に、おっ！　と思ったことがありました。

「○○さんのおっしゃるとおり」「○○さんもおわかりになっていただけると思うのですが」と、会話の中にやたら相手の名前を使うのです。

なるほどな……と思い、それから何十年、真似してきました。オンラインミーティングでも、意識して名前を呼びかけるようにしていますし、チャットでも、話しかける前は名前を呼びかけるように意識しています。

逆の立場でも、自分の名前を呼ばれることは、自分の存在を認めてもらっている気がしてうれしいものです。

今回この出版の機会をくださった品質革新本部長（２０２３年9月現在）の清水育夫さんは、数々の不採算プロジェクトを建て直されてきたＴＩＳの火消し役のひとりです。

プロジェクトの成功の秘訣の１つは、人を大切にすることとおっしゃいます。具体例としては、体制図に、１人ひとりフルネームで名前を入れること。一緒にプロジェクトを進める仲間なのだから、敬意を持って接する気持ちの表れとして、体制図のフルネーム表記にはこだわるそうです。

実際、数年前の大型プロジェクトでは、Ａ３用紙で数枚に渡る体制図がプロジェクトメンバー全員に公開されていました。もっと簡易的に表示できそうなのに……と感じていましたが、そのような意図があったと知り、今更ながら驚きました。

このように、大きなプロジェクトを扱うときも、チームの心理的安全性づくりも、結局大切なのは、全員を丸ごと扱うのではなく、「１人ひとり」を大切に扱うことなのではないでしょうか。

そして、いきなり複数人のチームや部門全体の心理的安全性をつくることにハードルがあるのであれば、まずは、目の前の1人との信頼関係を築き、1人の働く幸せをつくること。そこからスタートしてもよいのかもしれません。

以降、第II部では、チームの心理的安全性にインパクトのある、1人ひとりのかかわりについてまとめていきます。

Ⅱ部

1人ひとりの開花

1人ひとりが、持っている才能を開花させると、組織がこれまでとは違った次元で進化します。TISで実際にあったメンバーとのかかわりの例から、ポイントをまとめていきます。

また、子どもの頃からやりたいことはおろか、好きなことすらなかったわたしが、自分の強みと大切にしたいこと、そして自分が甲斐を感じられる仕事に気づき、こうして書籍を書かせていただくことになった経緯をお話ししていきます。

PART 7

メンバーと自分の「メガネ」にご注意

わたしが株式会社ZENTechの心理的安全性マネジメント講座に参加し、一番印象的だった話が、『心理的安全性のつくりかた』にも出てくる「赤いメガネ」の話です。第Ⅲ部に、石井さんにご寄稿いただきましたので、詳しくはそちらと併せてお読みいただくと、理解が深まります。

自分がモノを見るときに、何かしらの「メガネ」をかけて、思い込みや固定概念を持って見ているかもしれないというのは気づきにくいものです。自分にとっては「あたり前」だからです。

この「あたり前」の違いが、思わぬコミュニケーション齟齬を生み、思ってもみない結果を生み出すことがあります。自分には「メガネ」がかかっているかもしれないと気づくだけで、モノの見方を変えることができます。

ここでは、「メガネ」による上司部下のヒヤリハット事例と、自分のかけている「メガネ」に気づくために参考にしていただけそうなことをお話をさせていただきます。

1 部下とのコミュニケーション、ヒヤリハット事例

わたしが過去に部下とのコミュニケーションで体験した、失敗談・ヒヤリハットをいくつかご紹介します。部下と上司のかけている「メガネ」が異なることを実感する事例です。

◈機嫌よく働いているように見えた若手社員が、突然退職した話

20代、Sさんの事例です。プロジェクトリーダーとしてスマートにプロジェクトを運営している、力を持った社員でした。問題意識も強く、チームで管理していた保守システムの改善点をまとめた一覧に、よく書き込みをしてくれていました。

ある年、部門の方針説明会で部門長が、「きこり」の話をされました。切れない斧で一生懸命木を切ろうとして苦労している、きこりを見た村人が、それでは効率が悪いから、先に斧を研いでは？　とすすめたところ、忙しくてそんな暇ないんだ、と答えたというイソップ童話です。

今年度は斧を磨くために、各チーム一定工数を「改善」活動に使ってよいということになり、わたしのチームは、長年書き溜めてあった課題一覧の中から、優先順位をつけて対応していくことにしました。Sさんがこの活動のリーダーに立候補し、順調に推進し始めました。

少しして、わたしは、隣の部門の大型プロジェクトに異動することになりました。異動後しばらくして、元部から連絡がありました。

「Sさんが転職すると言っている。活躍していたのに何があったのかわからない。話を聞いてあげてほしい」とのことでした。

あんなに元気で楽しそうに働いていたのに、なぜ？　と思いました。聞いてみると、活躍して評価はされてきたが、自分が認められているのではなく、利益を出すロボットとして評価されている気がしていたという話をしながら、いつも笑顔なSさんが初めてぽろっと涙を流しました。ショックでした。

元上司である自分も、周囲の人も、そういうつもりは全然なく、本当にSさんを認めていたのに……。

Sさんは転職先も決めており、決意が揺らぐことはありませんでした。でも、最後に部門長に今わたしに聞かせてくれた、本当の退職理由を伝えてほしいとお願いしたところ、了解してくれました。

後日、部門長になんと言われたかを聞くと「『伝えてくれてありがとう』と言われて驚いた」とのことでした。わたしには意外ではありませんでした。元々そういう真摯な人ばかりの会社です。

若手とベテランの「あたり前」は異なり、互いに自分の「あたり前」で物事を判断してしまいがちかもしれません。互いが「思いを伝える」「確認する」ことの大切さを感じた一件です。

当時は1on1の仕組みがありませんでした。現在のように、緩やかな強制力を持って定期的に上司部下がコミュニケーションをとる1on1があり、もやもやを会話する機会があれば、違う結果になったのではないだろうかと思い出すことがあります。

◈「上司とぶつかるくらいなら辞めます」

今時の若者をひとくくりにするつもりはありませんが、当時たまたま受講した、「リクルートマネジメントソリューションズ」の無料セミナーで、Z世代の働くモチベーションの上位に「自身の成長」があり、「やったことない業務に不安を感じやすい」ということを知りました。

当時ちょくちょく話をしていたHくんって、これかも！　と思いました。そう感じてから、やはり若手にはこれまでと違うマネジメントが必要なのだろうと思えるようになりましたので、上司とHくん承諾の上、ここに体験談として書いてみます。

Hくんは、地味な仕事も大変な仕事もコツコツと真摯に取り組み、遠目にすごいなぁと思って見ていました。フランクに話をしてくれるし、飲み会にも常時参加する彼が、いつも「僕はプライベートと仕事はきっちり分けてます」と言うのが印象的でした。

そんなHくんが新規のプロジェクトで、これまでとは異なる上司の下で初リーダーを経験することになりました。自分の経験でもよくわかりますが、初リーダーは本当に大変です。わからないことだらけ。でも、わからないなんて言っていられない。どんどん進めないとメンバーに待ち時間が発生するし、納期も迫るし……。日々、上司に叱咤激励されながらプロジェクトを進めていました。

わたしは、その上司ともよく会話していました。ご自身がとても優秀で、要求レベルの高い方ですが、Hくんは素養があるからもっと能力を引き出したいといつも話していました。

Hくんは帰宅時間も遅い中、その上司の勧めた本で「プロジェクト管理とは?」を学び、日々実践しようとしていました。

また、たびたび上司に厳しく言われ、わたしに「もうやってられません」とこぼすこともありました。言っていることは正しいとわかっているが、人格を否定されたように感じる一言があるとき、嫌だと言っていました。

わたしは、上司がそういうつもりで言っているのではなく、Hくんに本当に期待しているのを知っていましたし、「自分の意見を言う」ことを伝えたいと思いました。「わたしに言っているその思いを、直接上司に伝えればいい。その上司はそうやって伝えることを好ましく思うはずだから」とアドバイスしました。しかし、Hくんはいつも「ぶつかるくらいなら辞めます」と言っていました。

結局プロジェクトが無事に終わるまで、一度もHくんが上司に思いを伝えることはありませんでした。今時の若手は人とぶつかることを避けると聞きますが、本当にそうなのかもしれません。

本書をつくるために話を聞かせてもらう中で、川野さんがいなければ最後までやりきることはできなかったと伝えてくれました。なお、わたしがしたことは、何かを教えたのではなく、いつもHくんの話をただ「聴く」ことだけでした。

◈全員で大切にしていた若手がメンタル不全になりかけた話

上司との関係は良好でも、直属の上司との1on1では話ができないことがあるという事例です。ある日、会社の健康相談室から電話がありました。わたしの働く会社には、社員がいつでも心と体の相談ができる、看護師資格のある社員が運営する「健康相談室」が各拠点にあります。安心して相談できますし、相談した内容が本人の許可なく上司や人事部につながるようなことはありません。

身近な人には言えない愚痴を話にくる役職者もいるのだと聞いたことがありますし、わたしも話を聞いてもらったことがあります。以下、本人の了解を得て記載します。

健康相談室からの電話は「Iさんがメンタル不調になりかけている。このまま続くようであれば、お休みさせたほうがよいかもしれない。数カ月前から相談に来ており、川野さんならわかってくれるから話をするようにと促してきたが、どうしてもできないと言うので、本人に許可を得た上で電話した」とのことでした。

わたしのチームのメンバーでした。いつも「何か困ったことがあればいつでも相談してね」と伝えていました。日頃の会話が少ないわけでもないし、1on1も実施していましたし、しんどそうな様子はわたしには感じられませんでした。しっかり活躍しており、この調子でね！　という話をしていたくらいです。勤怠状況も安定しており、わたしの目には日々元気に活躍しているように見えていました。

すぐにIさんに話を聞いてみると、「自分が成長していない気がする。相談したほうがよいと思っても、できない人と思われたくなくて相談することができなかった。上司には心の相談はしてはだめだと思っていた」とのことでした。

自分では自身が若手にとって話しやすい存在で、部下との心の距離も近いと思っていても、部下から見たら上司は遠い存在に感じることがあるのだと思い知りました。

現在わたしは、社内研修で、よく「何かあったら相談してね、という言い回しでは、メンバーは相談するとは限らない。だから定期的に相談枠を計画して設けておくことがおすすめです」と伝えています。

そしてこの事例は、定期的な1on1を実施していても、上司の期待に応えようとか、自分で頑張りたいという思いが強ければ強いほど、どうしても話ができないことがあるということを表しています。また、誰が悪いわけでもなく、上司側だけでなく部下側も、自分の思いを周りに伝えるコミュニケーションを体得できる機会が必要だと感じた一件でした。

ちなみにこのケースは、少し年次の近いメンバーと会話できる機会をつくり、自分の強みに気づくための時間を1on1の中に入れることで、回復していくことができました。

また、健康相談室に相談できたことが、結局休職せず大きな問題にならずに回復できた要因です。後々、なぜ健康相談室には相談できたのかを聞くと、人事部が主催したメンタルヘルス研修で、健康相談室が紹介されており、いざというときはここに相談すればよいのだと記憶に残っていたとのことでした。研修でこういった情報を伝えておくことには、大きな意味がありそうです。

◈昇格させてもらえない、と思い込んでいた話

ここでご紹介する事例のメンバーは、ずいぶん昔にメンタル不全で数カ月療養したことがありました。でも、TISでは、過去のメンタル不全の履歴が昇格に影響することはありません。これも、本人の了解を得て事例としてご紹介します。

はじめてこのメンバーと同じチームで仕事をするようになり、半期に1度の業績目標面談をした際にNさんは「今年も主任にはなれませんよね。同期や周りはどんどん昇格しているのに自分は昇格できず、みじめです。でも、過去にメンタルを壊した人は昇格できないし、新規プロジェクトをしていないと対象になりませんよね。また今年もだめだ……と、落ち込んでいました」と言われました。

驚きました。このメンバーはその頃チームリーダーをしていましたが、リーダーのポジションを喜んでいるようにも見えず、むしろ昇格を望んでいないのかな？ と思っていたからです。リーダーをするのが嫌だと言われても困ると思っていたので、どう感じているかを話題にしたことがありませんでした。わたしが想定していたこととはむしろ逆のことを考えていることがわかり、申し訳ない気持ちになりました。

「昇格したいと思っていたんだね、じゃあ、今年は無理でも、来年は昇格できるように1年間色々頑張ろう」そう言って、少し背伸びな仕事をアサインしました。

それから1年間、このメンバーはそれまで以上に主体的に行動し、周囲からも「Nさんは急に成長しているねぇ」と言われるような働きぶりでした。翌年、無事に昇格することができました。

あの面談でわたしにポロリと本音を言ってくれなければ、どうなったかと思うとぞっとしますし、自分が「昇格したくないのだろう」という「メガネ」をかけてこのメンバーを見ていたことにぞっとします。そして、思わぬ、しかも事実ではない理由で、本当は昇格したいのに昇格をあきらめている人がいる。そして、そのことに上司が気づいて機会を与えるだけで活躍し始めることがある、ということを知った一件でした。

こんな風に、昇格したいのかしたくないのかを明確に確認すると、眠っている力を開花させることができるはずです。

2 ヒヤリハット事例に共通すること

以上、ご紹介した上司と部下のコミュニケーションヒヤリハット事例には、どれも共通していることがあります。それは部下が、上司には思いもよらない物事のとらえ方、考え方をしていた、ということです。事例ごとにまとめると、以下になります。

・ちょっと作業は中断、というつもりだったのに、一生やらないと思い込んでしまっていた
・成長しているなぁと思っていた部下が、自分では成長できていないと感じていた
・メンタル不全になったら昇格できないと思い込んでしまっていた

それぞれ、世の中、会社を、自分の思考、解釈でできた「メガネ」を通して見ているのです。たとえば、次のようなことはないでしょうか？

・たまに厳しいことを言われるあの人に送ったメールに返信がないのは、怒らせてしまったからかも？　とやきもきしていたら、実は自分がメールの宛先を間違っていて、相手に届いてもいなかった

・自分ばっかり忙しい。メンバーがやってくれないとイライラしていたけど、よく考えれば、自分が一度も他の人にお願いしていなかっただけで、お願いしたらあっさりやってくれた

・話しかけられないのは嫌われているからだと思っていたけれど、実は相手も同じように思っていた

気づいてみれば、自分がただ「メガネ」をかけて、自作自演で苦しんでいるだけなのかもしれません。そして、気づくことができれば、何か変えていけるはずです。

3 「あたり前」の違いに気づいて開花

次に、上司部下が双方の「あたり前」の違いに気づいて開花につながった話をご紹介します。2年目社員のすぐ上の先輩がベテランのプロジェクトマネジャー。他のメンバーもベテランのパートナー会社社員さんばかり。そんな体制の開発プロジェクトがありました。

ただでさえ複雑な金額計算がより複雑になり、計算を間違えば即金融庁報告、というような難易度の高い金融系の法改正のシステム対応プロジェクトでした。ベテラン上司と2年目社員の桁違いの実力と経験の差に、当初は相当のコミュニケーション齟齬が発生したそうです。

上司、部下それぞれに話を聞いた結果をまとめます。いずれも掲載を了承いただいています。

システム構築の各工程で、お客様と何をどこまで合意し、どのような成果物に何をどんなレベルで記載するのか。数々のプロジェクトを経験してきたベテラン上司の「あたり前」は2年目社員の「あたり前」ではありませんでした。

こんなこともわからないのかと思うことが多々あったそうですが、事実として知らないので、教えるしかありません。ベテランの視点で会話をしても通じず、自ずと目線を2年目社員のレベルに落として会話するしかないと感じ、実践されたそうです。

わたしは、頭が切れる、しゃべりも上手な、歩く論理的思考のようなこの上司が、右も左もわからない2年目に目線をあわせて説明するのは、きっと忍耐が必要だったのでは？と思っていました。

今回その上司にヒアリングをして印象的だったのは、「自分はとくに優れているわけではないが、若い頃に努力し、経験を積んでできるようになってきた。自分でもできるのだから、あたり前だと思っていたことが、そうではないかも。自分はそれなりに優秀なのかもしれないと気づいたことが、行動を変えるきっかけだった」という話です。

わたしはこのベテラン上司が新入社員の頃からよく知っていますが、昔は、「優秀な人しか信用しない」というような印象で、実際、いつも彼の相棒はいわゆる仕事がよくできる人しかいないようなイメージで、人を育てる印象のない人でした。「一緒に働いたら、ピリッと厳しいこと言われるんだろうなぁ。気をつけなくちゃ。自分が先輩でよかった」そう思うような存在でした。

でも、わたしが他の部門に異動し、数年後また元の部門に戻ってきて見た彼の印象は、昔と全然変わっていました。メンバーとの雑談を大切にしていました。メンバーに話を聞くと「面倒見のよい理想の上司です」と答えるのです。ちょっと意外でした。

今回、その上司にヒアリングをし、どこでキャラ変したのかを聞きました。すると、自身が役職者に昇格し、成果を出すことが大切だと気づいたのがターニングポイントだったとのことでした。

自分ひとりで成果を出すことには限界があり、チームで成果を出す必要がある。それであれば、メンバー1人ひとりの得意なこと苦手なことを把握し、アサインを考え、相手によって説明方法を変えて理解してもらう。

互いに理解できればコミュニケーションの効率もよくなるため、雑談を大切にしているし、その人の使う言葉、その人の書く文章からも、メンバーを理解するようにしている。

「昔は自分のコピーをつくろうとしていた。でも1人ひとりが異なり、人それぞれあったやり方がある。上司のあたり前はメンバーのあたり前ではない」と語ってくれました。

「あたり前」の違いに気づくだけで、人は行動を変えることができるし、人が育つという実例です。

部下編

当事者である2年目社員の声です。当時、初めて参画したプロジェクト。右も左もわからない状態で優秀なベテラン集団に囲まれ、日々知識と経験の差を痛感し、苦しい気持ちでいたそうです。そんな中でも、成長意欲の高い彼は、自身で仕事の振り返りをしていました。さらに、上司との1 on 1で自身の振り返りに上司からフィードバックを得ることで、さらに気づきを得て次の行動に反映させていきました。

お客様との打ち合わせでは、打合せ前に上司と質疑のデモンストレーションを行い、打合せ直後は打合せの振り返りを実施していたそうです。前半の回答はよかったね、終盤はもっとこう説明すればよかったね、というような振り返りです。

上司がいつも「上司の言うことが必ずしも正しいかどうかはわからない。自分で考えて決めること」という発言に、最初は違和感を感じたそうです。でも、自分が少しずつ仕事を経験し、それを上司と振り返って気づきを得て、次につなげるという行動を繰り返す中で、上司の言っている意味がだんだん理解できるようになったようです。多くの経験を積んできた結果できあがっている上司の「あたり前」は、現在の自分の「あたり前」ではないと腹落ちしたそうです。

そして、上司をはじめとする周囲にフィードバックを求め、フィードバックを素直に受け取ることができたのは、まさにチームに「心理的安全性」があったからだと語ってくれました。上司が雑談を大切にし、忙しい中プライベートなことも含め本当によく話をしてきたことから、何を言っても大丈夫という安心感がチーム内に醸成されていたそうです。

4 「メガネ」に気づくための仕組みをつくる

以上、さまざまな「メガネ」をご紹介してきましたが、自分が知らない間にかけている「メガネ」に、自分ひとりで気づくのは簡単ではないかもしれません。意識せずにかけてしまっている「メガネ」だからです。そして、「メガネ」を外すことができれば、世界は急に別の見え方をします。何かを変えるわけではなく、「メガネ」を外すだけなので、軽やかです。そして、その日から急に仕事がしやすくなるのです。

自分も部下も、知らず知らずのうちに何かの「メガネ」をかけているかもしれない。いつもそんな風に思っておくことがポイントです。そのためにも、自分ひとりで考えるのではなく、定期的に人とコミュニケーションをとる機会を持つ仕組みが機能します。うまくいかなくなってからだと、機会をつくることも億劫になったりするからです。あらかじめ仕組みとしてあれば、そこで無理なく話をし、気づき、行動を変えることができます。「メガネ」に気づく仕組みとして、次のPARTでは1on1、クロス1on1、外部コーチとのコーチングセッションを説明していきます。

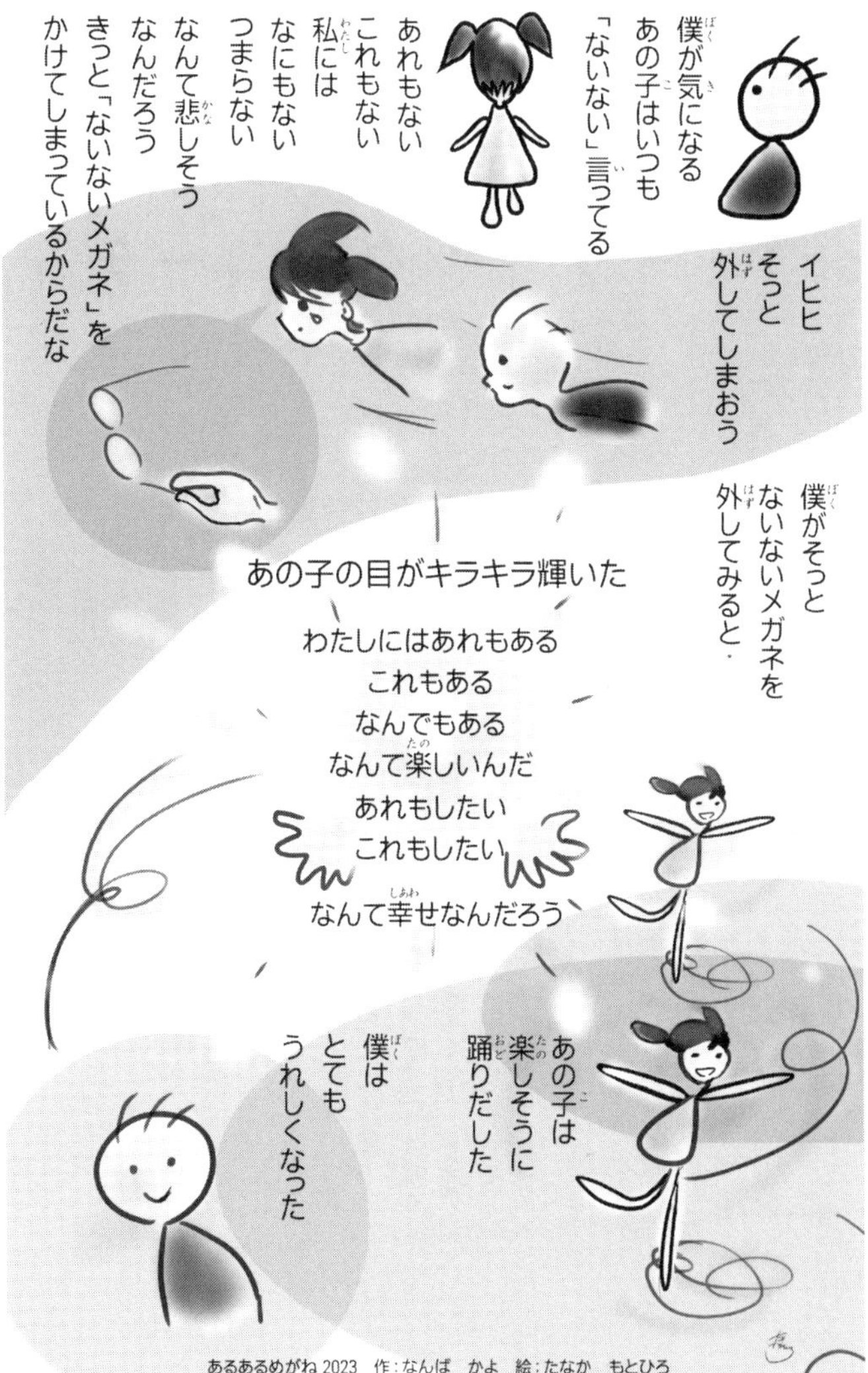
僕《ぼく》が気《き》になる
あの子《こ》はいつも
「ないない」言《い》ってる
あれもない
これもない
私《わたし》には
なにもない
つまらない
なんて悲《かな》しそう
なんだろう
きっと「ないないメガネ」を
かけてしまっているからだな
イヒヒ
そっと
外《はず》してしまおう
僕《ぼく》がそっと
ないないメガネを
外《はず》してみると…
あの子の目がキラキラ輝いた
わたしにはあれもある
これもある
なんでもある
なんて楽《たの》しいんだ
あれもしたい
これもしたい
なんて幸《しあわ》せなんだろう
あの子《こ》は
楽《たの》しそうに
踊《おど》りだした
僕《ぼく》は
とても
うれしくなった

あるあるめがね 2023　作：なんば　かよ　絵：たなか　もとひろ

PART 8

メンバーの力を引き出す 1on1ミーティングとコーチング

全社施策として1on1を実施されている会社は多いと聞きます。わたしの働く会社もそうです。わたし自身は自己啓発で学んだキャリアコンサルタントやコーチングの知識を生かすことができるうれしい場でした。でも、たいていの上司の方にとっては、自身は上司の背中を見て覚えろ、という状態で自力で育ってきたのに、そうでなくても忙しい中、部下に「傾聴」や「キャリア支援」をしなければならなくなり、本当に大変だと思うのです。そんな上司の方々に、上司が頑張らなくても部下を成長させられる1on1のポイントをいくつかご紹介します。

また、わたしの働く会社では、1on1がある程度定着し、さらなる効果を目指してクロス1on1（斜めの関係の1on1）や外部コーチとのコーチングの取り組みも加わり、成果が上がっています。

1 1on1の目的

わたしの働く会社では、1on1の一番の目的は部下の成長・キャリア形成の支援、としています。また、コミュニケーションの基盤としても大切にしています。

◈上司と部下の相互理解

1on1は雑談の時間と思われている方がいます。部下側の声として、毎回雑談のネタを考えていくのが苦痛なので1on1が億劫だなどという声まで聞いたことがあります。

関係ができていない頃は、雑談から始めるものの、いつまでも雑談ばかりしていても時間がもったいないなくないでしょうか。部下の成長支援のためにも、まず上司部下が理解し合う。雑談はその手段です。

雑談するとしても、互いの価値観や強みに気づくきっかけになるようなテーマで話をするとより意味のある時間になります。これまでの経歴から、どんな仕事が好きや得意で、どんな仕事が嫌いで苦手なのか、学生の頃何になりたかったのか……。こういうことを知っておくとその後の仕事のアサインに利用することができます。

ただ、「得意なことは？」とストレートな質問すると、他の人に比べると得意じゃないので……などと何も出てこない人もいます。ですから、「やっていて苦ではないことは？」と質問することをおすすめします。苦でないことは好きなこと、好きでやっている仕事は、おのずとその人の強みのひとつである可能性が高いのです。チームづくりのお題ツールとしてご紹介した、Kirari☆Cartaの利用もおすすめです。お題で互いのことを語ることで、上司部下の相互理解が促されます。

また、わたしは毎回の1on1の冒頭に、「**心と体の状態を10点満点で表し、その理由を話す**」ということをしています。たとえば、「心6点、体8点です。この後あるXXの打合せのことが心配なので6点。体はちょっと肩こりがありますが、元気なので8点です」という具合です。こういう、コミュニケーションのフレームを用意することで、互いの心身のコンディションを知ることができますし、ここから、部下の心配事の相談にのることができるかもしれません。また、いきなり部下に話してもらうのではなく、まずは自分が語ることで、部下も話しやすくなります。

◈部下の悩みを聴く

部下の悩みを聴き、解決の支援をする時間です。いつも頭の隅に置いている、以前若手から聞いたことがあります。「何かありませんか?」と質問されても話しにくいけれど、「何か困っていることはありませんか?」「もやもやしていることはありませんか?」と質問されると、困っている前提の質問なので、話しやすいということでした。

部下を、常に困っている前提で扱うことはよくないと思いますが、つきあいが長くなく、関係ができていていない状態の場合、利用できる問いかけ方法です。

また、1点大切なポイントは、求められていないのにアドバイスをしないことです。

話を聴くだけでは意味がなく、解決してあげなければと思う上司が多いように感じますが、もやもやをただ聞いてほしいだけということもあります。自分の下にメンバーを抱えるようなベテランの部下であればなおさらです。わたし自身もそうですが、メンバーには言いにくい思いを持っていることもあるはずです。そんな話を、上司として、まずはしっかり聴いてあげてほしいのです。

人はたいてい、自分の頭の中に、「こうしたらいいかな」というアイデアを持っているとわたしは思っています。ただ、色々な思いでそのアイデアはできないもの、難しいこと、として口に出すことも多いものです。だから、しっかり話を聴いた上で、「本当はどうしたいか？」「本当はどうだとよいと思っているのか？」を問いかけてみます。そして、そのことが、本当に難しいことなのか、どうすれば実現できそうかを問いかけ、求められればアドバイスする。これが、理想の1on1とわたしは考えています。

アドバイスしたほうがよいかなと思っても、自分で判断せず、部下本人に「アドバイスがほしいか？」を確認します。上司の勝手な判断で説明したり、アドバイスをしたりすると部下の1on1の満足度が下がります。だんだん1on1が部下にとって苦痛な時間になるかもしれません。部下の成長のために、どうしてほしいかを都度部下に質問し、部下の意に沿うようにすれば安心ですし、部下自身の決めたことですから、やらされ感につながりません。

また、「現状について、理想が100点だとしたら、今何点か？」と点数で質問してみるのもおすすめです。欠けている理由は何か、どうなると100点なのか、を確認します。

こうすると、ふんわりした内容が具体的になり、部下自身で取り組むとよさそうな具体的な行動に気づくことができます。

◈WILLの言語化

PART3でチームの進化は、「WILL（ありたい姿・大切にしたいこと・目指す姿）」を言語化することがスタートだとお話ししましたが、個人の進化をつくる1on1も、考え方は同様です。まずは、部下が人生や仕事全般、どうありたいのか、何を大切にして仕事をしたいか、何を目指すのかを言語化することが大切です。成長を支援しようと思ったら、目指す姿がわからないと支援できません。

そして、自分のWILLに気づいていない部下が多いのではないでしょうか。さらに言えば、数年前までの自分もそうであったように、長年、自分の感情は横において、仕事は「しなければならないもの」として実直にこなしてきた上司側こそ、自分のWILLに気づけていないことが多いのではないでしょうか。

そんな状態で部下の成長支援をするのは大変だと思うのです。本来、上司は部下の成長支援以前に自分の成長を考え、行動を続ける必要があるとわたしは思っています。ここについては、PART9に、長年可もなく不可もなく仕事をしていたわたしが、WILLに気づいた実例をご紹介しますので、少しでも皆さまの参考になれば幸いです。

◈進化のための振り返り

1on1は中長期的なキャリアの話をしなければならない場と思われている方が多いのですが、毎月の1on1で毎回、中長期的なキャリアの話をするのは部下にも上司にもあまりにもつらいと思います。人はたった1カ月でも進化します。この1カ月にあった出来事と、それによって得た気づき、それを活かして次はどうするかを会話することをお勧めします。PART3でチームの「振り返り」として書いた振り返りを、チーム全体についてではなく、個人について実施するイメージです。

部下は自分で振り返りをしてきて、1on1の場はその内容について聴き、上司目線でフィードバックや求められればアドバイスを伝えます。振り返りの観点は以下のとおりです。あらかじめ部下に記入してきてもらえると効率的です。

1. （前回の1on1で決めた）次にやること（T）
2. やったこと（Y）

3．わかったこと（W）
4．次にやること（T）
5．困っている点、疑問に思っている点
6．（あれば）上司にお願いしたいこと

ポイントは、上司から伝えるのではなく、まずは本人に、どう感じているか、を確認することです。「本人が、うまくいかなかった。こうすればよかった」と気づいているのであれば、もうそれでよいのです。

フレームを用意することで、部下の「わかったこと」の中で知ることができます。上司が言いにくいことを頑張って伝えて嫌な気持ちになる必要がありませんし、部下は自分で気づいて自分でこうすると言うのですから、やらされ感にならず、自主的に動くことができます。

そして、3の「わかったこと（W）」を増やすために、フィードバックを行います。ここで気をつけなければならないのは、3の「わかったこと」について、「できていないこと」ばかりを指摘するのではなく、まずは、「うまくいったこと」「できたこと」「工夫」

というポジティブなことを振り返り、その後「うまくいかなかったこと」「もっとこうすればよかったと思うこと」を話題にします。最後に、再度、ポジティブなことを伝えます。

わたしの所属する会社では、この順番にフィードバックすることを「サンドイッチフィードバック」と言っています。「**ポジティブなこと→改善点→ポジティブなこと」と改善点を会話の間に挟む**のです。

以前おつきあいしたことのある取引先のメンバーがどの方も優秀で、育成のコツを聞いていた人がいました。「定期的に振り返りを実施しているだけです」とおっしゃっていたそうで、印象に残っています。

実施したことを振り返り、気づきを得て、次の行動を決める部下の振り返りを支援。ただ忙しい中では、こんな時間を任意でとることが用意ではありません。だから、緩やかな強制力を持って定期的に時間を確保。これが理想的な1 on 1だとわたしは考えています。

よく、日頃から会話しているので、わざわざ1 on 1はいらない、と言っている方がいらっしゃいますが、それは「相互理解」はできているからなのでしょう。進化のための振り返りは、どんなに日頃会話があっても、わざわざ時間をとらなければ生まれない会話です。

◈上司の姿勢

①とにかく「聴く」

まずはとにかく、話を「聴く」ことです。

「へー、そうなんだね」という気持ちで聴きます。『自分は違う。何甘っちょろいこと言ってんだ』と感じたとしても、**その人はそう感じているのだから、いいも悪いもないのです。**

わたしは、口をはさんでしまいそうになる場合、相手の語っていることを頭の中でそのまま繰り返しながら聴くようにしています。これをすることで、「そのまま聴く」ことに集中でき、余計な思考をする暇がなくなります。

気のきいたことを言おうとか、会話が途切れたら何を言おうとか、どんなアドバイスをしようか……そんなことを考えながら話を聴かれると、聴いてもらった気がしないものです。そして、話をしっかり聴いてくれた人に人は心を開きます。

若手から聞いた、二度とこの上司には相談しないと思ったという話が印象的でした。今後のキャリアについて悩んで相談したところ、「3年目はみんな悩む時代だよ。Nさんも悩んでいたよ」と言われたそうです。1人ひとり事情は違うのに、「よくあること」で済まされてしまう。つい言ってしまいそうな言葉なので、気をつけたいものです。

②部下を「自分で考えて動ける人」として扱う

自分で考えて動ける人であれば、うまくいかなかったことは自分で振り返り、次はこうするを自分で考えられているはずです。足りない観点だけ、上司からフィードバックすればよいのです。また、本人が望んでいない不要なアドバイスのシャワーを浴びせて、部下を不快にするリスクもありません。

話をしっかり聴いたあと、「で、本当はどうしたいの？」「どうやって実現したらよいかは別にして、どうだといいなと思っているの？」ということを質問します。さらに、続けて、「そのためにこうしたらいいかな、と思うことはありますか？」と質問すると、たいていは、「実は……」と、具体的な手段を話してくれます。上司は、部下がその具体的な行動を始めるきっかけをつくればよいだけだとわたしは考えています。

不要なアドバイスが部下の成長の妨げになっているだけでなく、部下を失望させているかもしれません。

③ポジティブなフィードバック

足りていないことばかりフィードバックするのではなく、意識して、うまくいったことのフィードバックをすることです。言わなくてもわかるだろう、と思っても、意外にわからないものです。「業績を評価して、昇格しているのだから承認していることがわかるだろう」と思っても、部下が欲しいのはそれだけではありません。

以前、**「評価はしてもらっても、利益を上げる機械として扱われている気がしていた」**と退職前に後輩が言っていたことは前述しましたが、まさにこれだと思います。そして、わたし自身も、言葉でポジティブなフィードバックを伝えられることが少ないことを実はとても残念に思っています。そして、かつて上司から「川野さん、なんかすごいやん」「川野さんの得意分野。大丈夫」と言ってもらえた言葉は、今でも自分の力になっています。

突然ですが、次ページの丸の図を目にしたとき、どこに目が入るでしょうか？　丸が欠

図8-1　丸と、ほんの少し欠けた丸の絵

けている部分ではないでしょうか。

株式会社Ｐａｌｌｅｔのコミュニケーション講座で紹介される図です。

人は、どうしても欠けた部分に思考がいきがちで、そこを埋めようと考えがちだそうです。

ほんの少しのできていないことが気になり、できていることを承認できない気持ちになりそうになるとき、わたしはいつもこの図を思い出しますので、ご紹介しておきます。

褒めるのが苦手という人をよく聞きます。でも、長々褒める必要はないのです。「すごい！」の一言でも褒められた側はパワーをもらえるのです。上司の承認の言葉は、よくも悪くも、それくらい影響力があります。もっと言うと、褒める必要はありません。できていることをできていると言う。ポジティブな事実をただ伝える。それだけです。

◈1on1で部下の強みに気づきメンバーの開花につながった事例

手前味噌ですが、メンバーも了承の上、わたしのチームの事例をご紹介させていただきます。チーム力向上・心理的安全性醸成の各種取り組みを全社に広める施策の体制は、約半年、わたしともう1名のメンバーの2人だけでした。

そのメンバーは、システムの開発経験のない、わたしとは背景の異なるメンバーでした。わたしが参画する前に打合せで接することがありましたが、いつも控えめで、わたしの目からは正直考えていることが読み取りにくいメンバーでした。

このメンバーと自分しかいない体制で、全社、グループ会社に向けて各種施策を実施していくしかありません。まずは、このメンバーの強みを知る必要があると考えました。1on1で、これまでの仕事の経歴、学生時代の話、入社の動機を聞きました。過去の仕事の経歴の中で講師をしたことがあること、仲よしの兄弟にいろいろ教えてあげることが多いこと、データを集計することやパワーポイントで資料を作成するのが好きなことなどを、楽しそうに話してくれました。

また、人から指示されるのは苦ではなく、たびたび体制の変更があったが、会社の指示に対しては柔軟に従うし、自分でも柔軟なほうであると思っていることなども話してくれました。

わたしは、自分自身が誰かに指示をされるのが好きではないため、このメンバーに対してもあまり事細かに指示をするとうるさがられるのではないかと、あれしてこれして、という指示をしないように気をつけていました。もしかして、あれしてこれしてと言ったほうが仕事しやすい？　と聞くと、そうだとのことでした。

指示はしない方がよいというのはわたしの勝手な思い込みで、むしろそれが逆効果になっていることに気づき、その日から気持ちが楽になりました。自ら言い出してくれなくても、わたしからお願いすればよいだけだと思いました。そもそも、お願いした作業はきっちりこなしてくれます。

早速、それまで機会のなかった、パワーポイントで資料を作成する作業をお願いしてみたところ、あっという間に、素晴らしいできの資料が完成しました。パワーポイントの資料づくりは、わたしが好きではない仕事のひとつです。

わたしは事務作業や集計は好きではなく、その前後のアイデアを考えたり、伝えたりする作業が好きなのですが、彼女は処理することが好き。また、同じことをきちんと継続することも、彼女は好きで得意、わたしは嫌いな作業です。その他、ほぼ真逆と言っていい特性を持っていることがわかり、メンバーの能力を発揮する機会をつくることで、彼女はおそらく1カ月もしないうちに大活躍し始めました。

まさに、心理的安全性4因子の「新奇歓迎」。「新奇歓迎」とは、1人ひとりの個性や強みを生かし、組み合わせて成果を上げることです。1on1でこのメンバーの「強み」に気づき、組み合わせて仕事をすることで、あっという間にこのメンバーとわたしの2人で成し遂げたとは思えない量の結果をつくりあげることができたのでした。

誰にでも、得意や好きな仕事があります。社会人歴がそれなりに長いメンバーであれば、必ずあります。「メガネ」をはずして1人ひとりを見ることで、これまで発揮する機会のなかった力が開花してメンバーは輝き、チームの仕事の成果は最大化されます。

ただ、自分が業績の責任を担っているリーダーであり、その仕事に通じており、こうしたらうまくいくという答えに近いものを持っている場合、このような接し方で部下に接することがしにくい場合もあるのではないでしょうか。

わたし自身、ついつい、アドバイスをしてしまうことも多々あります。一方部下も、アドバイスを求めがちです。上司部下なので、ある程度仕方ないと思うのです。それはそれとして、自分で考えて動くことのできるメンバーを育てたい。そのために、後述のクロス1on1やコーチングを併用することをおすすめします。

2 クロス1on1

◈クロス1on1の目的

わたしはこれまで、相当人数のメンバーのクロス1on1（直接的な上司ではなく、評価関係にない、ラインの異なる斜めの役職者との1on1）の上司役を担当してきました。その経験から、クロス1on1の目的を3つに分けました。

①本音の会話

上司との関係性がよくても評価者と非評価者の関係だと言えないことがあるため、上司とは別のリーダーと定期的に会話する時間を持つことで、自身のＷＩＬＬが発露しやすくなります。たとえば、本当はこんなことがしたい、とか昇格したい、などは自身と近くない存在の人のほうが話しやすいかもしれません。また、今更感のあるわからないことを、上司には言いにくいかもしれません。そんなことを、安心して会話でき、メンバーが自分の考えを整理できるのがクロス１on１のよいところです。

②上司とは異なるキャラクター・価値観に接する機会

とくに若手は、接する人が少なく、自分の上司しか目に入らず、「あんな風にはなれない、なりたくない」と、自分と比較して考えてしまいがちです。上司とは別のキャラクター、キャリアを持つ役職者と定期的に接する機会を持つことで、視野を広げ、キャリアの参考にでき、成長支援につながります。

③上司の補完

また、具体的な育成のために何か指導する場合、直属のリーダーが話してもすんなり腹落ちしないのに、別のキャラクターから同じことを言われるとすっと腹落ちしたりします。子どもが親の言うことは聞かないけれども、塾の先生が同じことを言うとすっと聞き入れたりするのと同じです。

わたしの経験から言うと、上司部下の関係が良好ではない場合だけでなく、若手の直上がベテランで、スキルギャップが大きい場合、キャリア採用の配属直後、メンタル不調からの復帰後、新入社員配属後、育児休暇明けの社員など、不安を感じやすいシチュエーション、成長意欲の高い人の成長支援に実施すると効果的です。

◈クロス1on1の留意点

極力直属のリーダーと事前に合意の上で実施することをおすすめします。また、クロス1on1で得た情報はメンバーに断りなく、直接そのメンバーの上司に話すようなことは避けるべきです。

たとえば、1on1をしている上司に何かしらの不満があった場合。クロス1on1役が本人に変わってこの上司に思いを伝えるようなことをしてしまうと、上司部下の関係に不信感が生まれます。直属の上司は、なぜ自分に直接言わないのだ？　という気持ちになるでしょう。直属の上司とは別の立場で成長を支援するという目的から考えても、どんなことを伝えたいかを丁寧に聞き、本人が直属の上司に自分で話ができるよう、言い方を一緒に考えるなど、そっと背中を押すのが使命ではないでしょうか。

また、聞き得た情報を上司に伝えたほうがよいと感じた場合も、まずは伝えてよいかどうかの確認を、本人にしてから伝えるのが大切です。こうした、本人同士のクリアなコミュニケーションをつくることで、人は安心して本音を話すことができます。大切なのは、この部下が成長することです。

クロス1on1のペアは、本人に選んでもらうこともできますし、意図を持ってペアをつくってしまうこともありです。よくあるのが、部下が自分で上司役を選択したくても、どんな人がいるのかわからず選択できないという声です。いったんとりまとめ担当がペアをつくり、3カ月のお試し実施をおすすめします。こうしておけば、ペアの相性が悪い場合も、一定期間後気軽にペアを見直すことができます。

◈クロス1on1役に必要なこと

クロス1on1役には、次のような条件があることが望ましいと考えます。

◇「聴く」姿勢がある人

決めつけ、否定があるのは論外として、アドバイスするぞ！　という姿勢ではなく、相手の持っている力を信じ、聴く姿勢がある人。キャリアコンサルティングやコーチングを学び、「聴く」スキルを身につけた人がいれば理想的です。「聴く」姿勢のある人に、人は心を開き、ＷＩＬＬが発露します。

◇ある程度の経験がある人

場合によっては、少しだけ上の先輩が担うことで、話しやすさが生まれ、有効ですが、社内事情をわかっておらず、相談者と同じ目線でものを考えてしまうことが懸念されます。わたしは、ある程度の権限を持つリーダー層が担当することが望ましいと考えています。「シニア」を活用することも有効かもしれません。

◇社内人脈を持っている人

必須の条件ではありませんが、社内人脈を持っていると、必要な人とつなげることができ、視野が拡がり、新しい挑戦につながっていく可能性が増えます。

◈「安心係」

わたしが実施してきた数多くのクロス1on1メンバーの中に、前述の、ベテラン社員の下で働いていた若手がいます。彼は、自分からわたしにクロス1on1をお願いしたいと依頼してくれました。毎度「しんどいです～」と言いながらも、しっかりと自分の気づきと考えを話してくれる彼を、頼もしいなぁ……と思って見ていました。

当時を振り返って、なぜわたしに依頼したのか、と聞くと、ズバリ、「おかん」だからだそうです。

色々な経験を積み重ねたベテラン。何でも黙って話を聞いてくれる。否定がない。何を言っても自分の味方でいてくれる。話をすることで、これでいいんだと安心できる。ときには、上司と同じことをアドバイスされ、腹落ちする。そんなイメージとのことでした。

その人に話をすることで、これでいいんだと安心できてまた前進を続けていくことができる。子どもの成長を心から喜び、願う、親のような「安心係」。こんな存在がいると、人は安心して自分で成長を続けていくのかもしれません。

以下、過去わたしがクロス1on1を担当させてもらった後輩の一部の生の声です。

「クロス1on1って意味あるんですか？」と質問されることも多く、大きな意義があるという証明として、掲載します。

◈クロス1on1の事例

30代・男性X

1on1は直属の上司と行っていましたが、直接的な業務に関連した話しかせず、業務相談の場で、アドバイスする上司と、アドバイスを受ける部下の構図ができあがってしまっていました。有意義な場ではあるものの、アドバイスされたことを実践しなければならないと感じてしまい、しんどかったとのことでした。

クロス1on1は、直接の上司でないので、仕事上の相談をする際にはしっかりとした説明が必要です。自分の頭を整理しながら説明することで、さまざまな気づきを得られるきっかけが生まれ、結果として自分で解決策を見つけられることが多かった。直属の上司とは異なり、利害関係が薄いこともあって、話題が上がったことの後追い確認をされることもないので、やらねばならないといった義務感が生じにくかった。結果として、実施後すっきりすることが多かったとのことでした。

1on1で上司がよかれと思ってアドバイスしていることが部下の負担になっており、クロス1on1のように、ただ「聴く」ことが中心になると、自発的な動きが生まれることがわかります。

30代・男性Y

当時彼は、チームメンバーの日頃の語調に悩まされていました。上司との1on1を行っていましたが、本音が言いづらく相談することができませんでした。やりたい仕事や将来についても相談しづらかったそうです。

評価に影響が出るのではないか、話しても直らないのではないか、話したらプロジェクトにも影響が出るのではないか、などを気にして言えなかったそうです。

別部署の人であるわたしとのクロス1on1では、これらを気にせず本音を出すことができたそうです。

「悩みを相談し、改善のために協力していただき、会社に行くことが嫌になっていましたが、それもなくなっていきました。このクロス1on1の数カ月で、人生がガラッと変わりました。ぜひ、ほかの組織でも実施していただきたいです」と話していました。

30代・男性Z

クロス1on1は、「利害関係がないので、安心して自分の気持ちを吐露できる時間」とのことです。それまで、家族でも友人でもなく、同じ会社の人に相談できる機会がなく、必要とも思っていなかったが、その場でしかできない話が自分の中に結構あるのだということに気づけたそうです。仕事を与えられたものとしてただ実施するという状態から、自分の軸と強みに気づき、やりたいことを見つけ、社内公募制度を利用して活躍の場を広げられています。

またこういう間接的な活動をしているわたしを会社が評価していることが、自身の安心にもつながっていると話してくれました。

以上の生の声も踏まえ、わたしは以下のように考えます。具体的な業務についての課題解決・目標設定とその振り返りは担当役職者との1on1で進めていく。クロス1on1担当は自分の直接の部下でないことから、心に余裕を持った接し方ができます。

わたし自身、クロス1on1役をさせていただいた後輩たちからはこう言ってもらいましたが、自分が完全にプレイングマネジャーである今のチームの部下が同じ感想を持っているかは少し不安です。自分のチームの業務を遂行するためには常にこの姿勢でいられるとは限りません。

役職者は様々な問題解決、お客様との折衝、次の仕事づくり等、いつも忙しい。役職者こそ、1人で頑張るのではなく、強みを生かしあって組織と人を前進させていけばよい、とわたしは思うのです。それこそ「新奇歓迎」の状態ではないでしょうか。

そして、クロス1on1の役職者はメンバーにとって、何があっても応援してくれる人。仕事に不安があるとき、「これでいいのかな……」という気持ちを安心して話しできる相手。そんな「安心係」に話してみた結果、未経験の行動にチャレンジし、たとえつまずいても自分で気づいて先に進んでいくことができる。クロス1on1とは、こんな好循環で組織が進化する仕組みであると考えます。

そして、わたしがクロス1on1役としてかかわらせていただいた人たちが進化していったのは、斜めの関係の「安心係」だったことに加え、コーチングの「コーチ」としての在り方とスキルを持っていることも大きく影響していると考えています。

次に「コーチング」の有用性について述べていきます。

3 外部コーチによる伴走、コーチング

わたし自身がコーチングを活用することでWILL（軸）に気づき、前進してきた体験から、コーチングは個人と組織の成長に有効なものと考えてきました。

元々わたしが所属していた部門では、リーダー層に活気をつくる目的で、社外のコーチとの月1回45分のコーチングセッションを、半年間（全6回）体験する取り組みを実施しました。忙しい中ではありましたが、月1回、目先の業務以外のことを考えて話をする、緩やかな強制力を持った時間をつくったことで、たった半年でリーダーに進化が生まれました。この部門では、2023年現在、この取り組みを継続しています。また、この成功事例が他部にも広がっています。具体的な事例としてご紹介します。

◈コーチングとは？

「コーチング」にどのような印象があるでしょうか？　コーチに引っ張られる、誘導されるようなイメージがあるかもしれません。

実際、そんなコーチングサービスを提供する会社もあるのかもしれません。でも、わたしがここで紹介したいのは、クライアントの目指す姿、ＷＩＬＬに気づかせ、実現に向かって「伴走」するコーチングです。引っ張る役目ではなく、壁打ち役、自分のかけている「メガネ」に気づくための第三者です。

よく、「自分で考えたいのでコーチングは必要ありません」という方がいらっしゃいます。でも、コーチングは、まさに、自分で考えるための仕組みです。そもそも、コーチにはクライアントの持つ、仕事の専門知識を持ちませんのでアドバイスはできません。日頃、誰かに自分の考えを話しながら、「話していて思ったけど……」と気づきが起きることがありませんか？　その連続が、理想的なコーチングセッションで得られることです。

学びのあるコミュニケーション＝何かを教わる場、というイメージのあるリーダーが多いのかもしれません。だから、自分が部下とコミュニケーションするときも、聴くだけではだめ。何かアドバイスしなければだめ。そして、コーチング＝引っ張られてしまうというイメージを持たれるのかもしれません。

コーチは教える人ではなく、壁打ち役です。機能的なコーチングは、「聴く」ことにより人の可能性を引き出し、開花させるコーチングです。上司の1on1の理想形もこうであるはずです。

◈コーチングの対象者

中堅層とする案も出ましたが、コーチングの王道通り上から順番に、リーダーを対象に実施しました。トップは対象としないとか、定員に余裕があればなどとしがちですが、良質なコミュニケーションを浸透させるには、トップダウンが一番早くて確実です。トップこそが機会を持つべきです。

自分がプロのコーチから体感した良質なコミュニケーションを、部下との1on1で生かすことができ、1on1の質が向上していきます。

◈コーチングの利点

①忙しくても緩やかな強制力を持たせることができること

社外のコーチであるため、社内の1on1のように「忙しくなったらすぐにリスケジュール」ができず、「緩やかな強制力」を持って継続して実施することができます。結果として、日々の業務に追われる中、社外のコーチとわざわざつくるセッションの時間で、短時間でも足元の作業から離れて考えることができます。だから、忙しい職場におすすめです。

②良質なコミュニケーションを体感できること

コーチは、クライアントが語ることしかインプットがありません。語りの内容から、事実と解釈を分け、聞いたことを第三者目線で客観的にフィードバックします。その結果、クライアントはポジティブで前向きな気持ちになり、進化を感じることができ、自発的に継続しようと思うことができます。コーチとのかかわりで、ベテランになっても、ポジティブなフィードバックをもらうことは単純にうれしいのだと実感し、メンバーに意識してポジティブなフィードバックをするようになったという感想がよく聞かれました。

③すべて自主性にまかされること

コーチは業務事情を知らないし、わからないため、アドバイスはできません。クライアントは利害関係のないコーチを壁打ちとして話すことで自分の頭の整理になり、コーチからの問いかけにより、自分が本当はどうしたいのかを考えることができます。日頃、自身が上司役として実施してきた1 on 1が、いかに「アドバイス」に満ち、メンバーの思いを引き出すことをつぶしていたかもしれないものであったかを実感することができます。

また、内省や問いかけに不慣れな場合、コーチからの問いかけが苦しいと感じられる方がいます。いつもある程度の正解が用意されている仕事をしてきた場合、そう感じるのも無理はありません。そして、変化が激しく、正解がわからないことの多い今の時代、最初は苦しさがあっても、自分の意思と意見を持つことに慣れていく必要があるとわたしは思います。人は、自分で決めたことには、主体的に取り組むことができます。

◈全6回、半年間のコーチングセッションを体験したリーダー層の感想

実施後のアンケートには、以下のような感想があり、ポジティブなフィードバックが組織の活性化に影響を与えていることがわかります。

・客観的に自身の働き方の振り返りができ、部下とのかかわり方について見直しができた
・日々の業務に追われて取り組めなかったことを、時間と費用をかけて外部の方を巻き込んで実施できた
・コーチによる継続可能なコーチングで、考えの整理と継続的なアクションがとれた
・忙しいながらも少しずつ前進できていることが確認できて、ポジティブになれた。相手に期待を伝えることが重要であると認識できた
・自分の目指したい姿が少し明確になった
・チームメンバーの成長に対する意識向上
・1on1でよいコミュニケーションがとれるようになった

◈わたしが実施したクロス1on1が、「コーチ」的なかかわりになっていた事例

20代・女性J

チームメンバーが多忙で切迫した雰囲気や、話すことで自分がどう評価されるかが気になり、1on1の場では、業務や将来のキャリアについての悩みを上司に言うことができま

せんでした。その結果、プレッシャーが限界に達し、休職しかけました。クロス1on1では、過去について深堀する時間としました。過去について話をすることで、今まで自分ではあたり前だと思っていたことが、他者視点で見ると自身の強みだと気づいたそうです。こうした自分をさらけ出す経験によって心が少し軽くなったと話してくれました。今も、自分で選択しながら、自分のなりたい姿に向かって着実に経験を積んでいます。

20代・女性K

「自分の考えがおかしいのでは？」ということを悩み、業務上の上司や先輩には変に気を遣って気持ちを言いづらく、周りがどう考えているかわからずまた悩む、といった悪循環を繰り返していたとのことでした。かかわりがないわたしがただ「聴く」ことで、「そもそも人に自分の考えを話してみてもいいんだ」と思えたそうです。そして、考えに賛同してもらうわけでも、斬新なアドバイスをもらったわけでもないのに、自分の中にあった答えが洗い出され、悩みの渦から飛び出して動き出すことができたと語ってくれました。

同じ組織の同じような価値観の枠組みのコミュニティにいればいるほど、物事に対する見方が固まりやすく、「こうあるべき（こうあるもんだろう）」との思い込みが自分を縛ってしまい、行動ができなくなってしまいます。関係ない第三者に話をすることで、自分がかけている「メガネ」に気づき行動ができるのです。このような話の聴き方があたり前にできる場や人が社会に広がることが、働きやすさにつながる、とも語ってくれました。

◈再入社した社員の体験

わたしの働く会社では、一度退職した社員が数年後に再入社するケースが少なくありません。以下、ご本人の了解を得てご紹介します。

退職時のメールに「一緒に仕事したかったです」と書かれていたことが気になり、連絡先を聞いていた方でした。退職後数年経過し、その後どうしているかとメールしてみたことをきっかけにあっという間に再入社が決まりました。

もう一度働きたい。でも一度退職した自分が戻ってよいのだろうか。そんな思いで葛藤のあった中、コーチを壁打ち役として話す中で「一度は逃げてしまった場所への恩返しをしたい」いう想いが明確になったそうです。今、2周目の人生を送っているようだ、と言われていたのが印象的でした。

コーチングは、こんな人生の大切な決断にも力を貸してくれます。

◈わたしの体験

わたしは折りに触れて、コーチングセッションを利用してきました。自分が何かに迷ったり、もやもやしているとき、頭の整理のためにコーチに壁打ちをさせていただくことが多いです。たとえば、こんな体験があります。

以前、わたしのチームの中にいた1人のメンバーが、周りの人とのコミュニケーションがうまくいかず、困っていました。困ってはいたものの、わたしは自分のチームのことだし、自身がコミュニケーションを学んでいるからコミュニケーションは得意、わたしだから解決できると思っていました。

幸い、そのメンバーとわたしとの関係は悪くなかったため、何度も2人で話をしました。でも、事態は何も変わりません。日に日に事態が悪くなり、大ピンチになりました。

そんな話をコーチに話する中、「上司には毎日相談しているのですが……」と言いながら、ふと、「上司には相談するだけ。メンバーには自分が直接話をして解決しなければならない」という考えは思い込みかもと気づきました。

「自分は得意。自分でできる」と言っていることで、上司が手を差し伸べにくい可能性もある、とも思いました。

翌日、この気づきを上司に伝えました。上司は「自分から伝えたほうがよいなら伝える。うまく使ってくれたらよい」と言ってくれ、早速3人で話し合いの場をつくりました。その日からメンバーのコミュニケーションに変化が起きて、仕事が改善していきました。

「メンバーには自分が直接話をしなければならない」という思い込みに気づけたことが、

わたしが自身の行動を変えられたきっかけでした。たぶん、自分1人で考えているだけでは気づかなかったと思います。

こんなこともありました。チームメンバーが他のメンバーとの関係性で悩んでいました。ある日、いつも元気な「おはよう」の声が異常に小さい気がして気になり、大丈夫？と聞くと、最近出勤前に涙が止まらない、ずいぶん前からおなかの調子が悪い、と教えてくれました。

仲よしのメンバーなのに、毎日何度も話をするのに、なぜ自分は気づかなかったのだろう、と自分を責める気持ちになりました。

その日たまたまあったコーチングセッションで、コーチにこの話をし、「このメンバーは〇〇と思っていると思う」とか「〇〇かもしれない」といろいろな心配を語りました。また、「話したくてもその子が忙しくて打ち合わせ時間がとれない」「こういうことはメールでなく対面で話すべきだと思うし」とも語りました。

そしてふと、「わたしはなぜ、コーチに一生懸命いろいろな想定を語っているのか。本人に聞いてみればいいだけだ」と気づきました。翌日話をし、問題はすぐに解決に向かっていきました。

コーチングは、1人ひとりの目指す姿に向かって、思いをしっかり聴き、ときに問いかけることで気づく機会をつくり、可能性を引き出し、進化に伴走する。正解のわからない時代にフィットした育成方法であり、判断しなければならないことが多いリーダーになればなるほど、自分の頭の整理のために活用するとよい取り組みであると考えます。人は誰でも、自分の「メガネ」をかけてものを見ており、自分ひとりでは機能しない見方をしていることに気づかないことがあるからです。

より望ましい成果を得るために、ときには、自分ひとりで頑張らず、第三者であるコーチの「聴く」「問いかける」の力を借りてもよいのかもしれません。

良質なコーチは、教える人ではなく、このような壁打ち役なのです。そして、メンバーを育てる理想の1on1もこの姿なはずです。

PART 9

マイパーパスと組織のパーパス

パーパスという言葉は、最近ビジネスの世界でよく使われる言葉です。ひとことで言えば「組織の存在意義」。その企業、組織が何のために存在しているのかを表すものです。

たとえばT－Sインテックグループには「OUR PHILOSOPHY」という基本理念がありますが、その中のミッション（「はじめに」でご紹介）で、グループが果たすべき社会的役割と存在意義を表しています。

組織を構成している個人にもパーパスがあります。わたしはキャリアコンサルタントやコミュニケーションの講座で学んできた、軸（WILL）や意図という言葉もなじみがあり、本書では、ほぼ同義で使っています。

これから、わたしが自分の軸（WILL）、つまりマイパーパスに気づくまでの道のりと、それが組織のパーパスと重なり合って、どんどん前進できるようになった経験についてお話しします。

1 わたしが開発リーダーから企画職に転身した話

わたしは、入社前から一貫して、ＩＴ技術が好きでも得意でもありませんでした。入社したのは他にやりたいことがなく、当時大卒女子が無理せず働くことのできる業界に魅力を感じたからでした。そして、他にしたいこともなく、とくに大きな不満もないので、転職しようとは思いませんでした。開発チームのリーダーとして、「ＩＴに興味がない」などと言ってはいけないと思い、長年誰にも話したことがありませんでした。

数年前から、開発リーダーの傍ら部門の育成や風土向上活動を企画推進させていただき、そういうことに携わることが楽しいし得意だと改めて感じました。

わたしの働く会社には大別して、開発職と営業職と企画職があります。そもそも、システムの開発やサービス提供を生業にしている会社なのだから、「開発」がよっぽどできないのではない限り、開発職にいながら、このような活動をするのがベストだと思ってきました。

でも、その当時の部門長が「企画職に転身したほうが現状の仕事と合っている。変更すればよい」とアドバイスを下さいました。

正直、とても迷いました。まがりなりにも、開発チームリーダーとして、役職昇格もさせてもらい、それなりの成果も出してきました。でも、開発職でさらに上に昇格するための条件を見ても、それをできている自分をイメージできませんでしたし、できたらいいな、とも思えませんでした。

試しに、企画職の昇格条件を確認したところ、条件となる行動の状態に、現在も実施できていると思う項目が多かったこと、その時点ではできている自信はありませんでしたが、近々できるようになるといいなと思える行動ばかりでした。開発職にこだわらず、企画職に転身するのもありかもしれないと思えた瞬間でした。

開発職でなければならない、よっぽどの理由がなければ企画職への転身はするべきではない。役職者だったらリーダーをするべきだという思考に縛られず、現実を見て行動をしたことから、今につながりました。

2 長年、何かが物足りなかった

周りの人はいい人ばかりで、いつもそれなりに楽しく仕事をしてきました。子育てにひとつの悔いもない！　と思えるのも、この会社で働いてきたからだと感謝してきました。ただその一方で、趣味もやりたいこともとくになく、何か物足りない気持ちを持ち続けていました。ＩＴ全般が好きでも得意でもない自分は、他の会社だったら、他の業界だったら、もっと活躍できたかも……という思いがなんとなくいつもありました。

◈きっかけは研修受講と１本の映画

あるとき、上司から、ある研修受講を勧められました。でもそんな高額な研修であれば、以前から気になっていた、日経ＢＰ社主催の「マネジャーから脱皮して真のリーダーになるための女性版課長塾」を受講したいと伝えてみたところ、受講させていただけることになりました。

女性限定、全6回の通いの研修。毎回異なる講師が登壇されること、全国から女性リーダーが参加するなら楽しそうと感じ、気になっていた研修でした。最終日に登壇されたのが、コミュニケーショントレーニングネットワーク®統括責任者の岸英光コーチでした。岸コーチが「組織を変革するのは、トップではない。中間管理職だ」とおっしゃることに、わくわくしました。自分にも何かできるのかも？　と。

また、講座の中で紹介された『日本一幸せな従業員をつくる！〜ホテルアソシア名古屋ターミナルの挑戦』という映画が頭に残りました。監督は、パラダイムシフトコミュニケーション連続講座の完了生である岩崎靖子さん。名古屋の赤字のホテルを顧客の満足度ではなく、従業員の満足度を向上させる取り組みで建て直したというドキュメンタリー映画です。

そんなうまい話ある？　と思いながらも、誰も苦しまず儲かり、お客様も含めてみんなが幸せな世界。自分の働く職場もそうできたらいいなぁとわくわくしました。頭に残りながらも、研修内で紹介された本を買うこともなく、いったんこれで終わっていました。

ちょうどその頃、娘が大学の受験勉強をはじめようとしていました。娘と出かけることも少なくなるな、邪魔をしないよう自分も何か勉強をしようと思いました。

これまでは情報処理試験の勉強をすることが多かったのですが、今回は仕事に関係のない、何か楽しいものを。社外に友達ができるようなものをと思っていました。そんな中で受講した課長塾の1人目の女性講師のプロフィールに記載のあった「キャリアコンサルタント」という資格が気になりました。子育てとの両立には自信があったこともあり、面白そうだと感じ、日本キャリア開発協会認定のキャリアコンサルタント養成講座に通って資格を取得することにしました。

思っていたとおり、ママ友以外の社外のつながりが拡がるきっかけになりましたし、自分の過去の経験を振り返り、気づきを得ていく勉強が遊びみたいに楽しいなと感じました。「国家資格キャリアコンサルタント」を取得し、合格後も資格の更新講座に参加し学びを続け、人とのつながりを増やしていきました。

更新に必要だからではなく、人生で初めて、勉強が楽しいなと思ったからです。そして、この学びの中で、後述の日本キャリア開発協会「人生すごろく金の糸」、株式会社ｗｉＳｈの「Kirari☆Carta」を知り、自分が自分を理解していくことにつながりました。

3 元同僚のメンタル不調とメンタルヘルス検定Ⅰ種合格

ちょうどこの頃、元々自分がリーダーをしていたチームの元同僚たちがメンタル不調でお休みしていきました。あんなに元気に働いていたのに、なぜ……。とても悲しく思いました。メンタル不調を引き起こす仕組みを理解し、なんとかしたいという気持ちでいてもたってもいられず、「メンタルヘルス・マネジメント検定Ⅰ種」という検定を受験しました。合格率が20パーセントに満たない検定です。安定志向のいつものわたしなら絶対にしない挑戦でした。

勉強内容で印象的だったのは、「メンタル不全を引き起こす原因も、過酷な状態でも健やかに働くのにも、大きなインパクトがあるのが、上司の存在である」ということでした。「ラインケア」という、上司としての部下のメンタルヘルス対策があることも、検定の勉強を通じて初めて知りました。

仕事も忙しく、毎日深夜帰宅が続いていましたが、どうしても合格したくて1カ月レンタル学習室の契約をし、無事に合格することができました。「キャリアコンサルタント」の勉強で学んだことも生かして、風土向上的な何かの取り組みを、会社で提案したい気持ちがありました。

しかし、数年来の大型プロジェクトの開発部隊に所属しており、そんなことはいいから開発に専念すべきと言われるのではないかと思うと、怖くて何も言い出せませんでした。

そして、その頃、以前受講した日経ＢＰ社の課長塾の卒業生の集まりがありました。その中で卒業生のひとりから、「課長塾」で、中間管理職が職場を変えるとおっしゃっていた岸コーチのパラダイムシフトコミュニケーションの講座があるということを教えていただきました。キャリアコンサルタントの学びで、過去の経験から自分の「強み」や「大切にしたいこと」に気づきつつあったわたしでしたが、ここから「本当は、自分は何をしたいのか」に気づいていくことになりました。

4 突然の異動……初めて上司に語った思い

大型プロジェクトは無事に終了しました。やっとこれから今まで考えてきた、風土向上について部門に提案していけるかもと思った矢先、部署異動を告げられました。とても驚き、数年来思っていたことを誰にも伝えられずに終わるなんて無念すぎる、早く話せばよかった、と思いました。

それまでの自分なら、そのまま終わったかもしれません。でも、「どう思われるのか怖いまま、ただ話をしてみよう」と思い、持ち出しました。

予想に反して、当時の部門長はお忙しい中、共感しながら聞いてくれました。さらに、事業部長にも話をする機会をつくって下さいました。

話をしたことで、このときに何かを変えられたわけではありません。わたしは、予定どおり部門を異動しました。でもこの行動が、わたしの中で何かのきっかけになったと思っています。

そしてその後、実施した異動先の部門長との面談は、実はよいイメージのものではありませんでした。頭の回転が早そうな部門長に、少し不安を感じました。そんな中初めて出席した部門会議の中に、「困ったときに助けてくれそうな人」等、「○○な人」という投票で該当者を表彰するようなコーナーがあったのです。クールに見える部門長は、こんなことを大切にされるのだなぁ……とわくわくしました。

ちょうどその頃、プライベートで友人と一緒に映画『日本一幸せな従業員をつくる！ホテルアソシア名古屋ターミナルの挑戦』の上映会を企画していました。この映画はテレビ番組「奇跡体験アンビリバボー」でも紹介されたことがあるドキュメンタリー映画です。先出の「課長塾」で紹介されて気になっていたものの、観る機会がなかったので、自分たちで機会をつくろうとしていました。

部門を異動して数日でしたが、一度くらいしかお話ししたことのない部門長に「映画をご覧になりませんか？」とメッセージしてみました。異動前のように、考えていることを誰にも伝えられずに終わるのはもう二度と嫌だと思ったのです。

部門長は、「ぜひ！」と言って観てくださいました。そしてその後、何度も社内で上映会をさせていただきました。事業部長にも伝えてくださり、その後別の部門でも上映会が行われました。あれから数年が経過しましたが、2022年度はグループ会社も含め100人以上集まった上映会を実施することできました。

こんな風に、今、わたしが心理的安全性について書籍を書くまでに至った、すべてのきっかけが、少しだけ勇気を持って、「映画をご覧になりませんか？」と部門長にメッセージするという行動をしたことでした。この小さな行動がなければ、自分の人生も会社での心理的安全性の取り組みも、全く異なるものになったかもしれません。いつもと違う行動をするのは少し勇気が必要ですが、してみた後はよいことしかありません。

5 自分にかかわるすべての人が幸せな世界をつくる！

キャリアコンサルタント資格、メンタルヘルス検定I種検定に続いて学び始めたパラダイムシフトコミュニケーションでは「自分の人生の軸は何か？」を探る機会がたくさんありました。

講座の中で取り組んだ、軸に気づくためのワークの中で、「自分にかかわる人すべてが幸せな世界をつくる」「お客様も社員も幸せな会社にする」というのが出てきたことがありました。正直、そのときは自分にとってあまりに壮大なことに感じしっくりきませんでした。

でも、少し経ってから気づいたことがありました。よく考えれば、わたしがコミュニケーションを学び始めたきっかけは、日経ＢＰ社の課長塾の講座で岸英光さんが紹介されたドキュメンタリー映画『日本一幸せな従業員をつくる！』で、みんなが幸せな、誰も苦しくない世界！　そんなの、どうやったらできるんだろう？　どうしても知りたい！……と思ったことでした。自分は以前から、「自分にかかわる人すべてが幸せな世界をつくる」ことに価値を感じていたのだ、と気がつきました。

その上で思い出してみると、**以前から、ママ友の集まり等で自分が人に声をかけて集まる場をつくることが多いこと。会社ではリーダーとしてみんながご機嫌で働ける環境づくりばかり考えてきたこと。**自分のチームのメンバーでなくても、自分が気づくところに元気のなさそうな人がいると、誰にも頼まれていないのに気になってかかわってきたこと。

これって、まさに「自分にかかわる人すべてが幸せな世界をつくる」なのかもしれない、と気づきました。

好きでも得意でもないと思っていたIT系の仕事がそれなりに楽しかったのは、**「自分にかかわる人すべてが幸せな世界」のための環境づくりに、リーダーとしてやりがいを感じてきたからだ！**　と、はっとしました。

また、別のタイミングで、幸せな人を増やすために、1人ひとりが持っている力を発揮し、「こんなことできちゃった！」となる人を増やしたい、という思いがあることにも気づきました。そして、自らもそうありたい。自分はこれまでチャレンジを避けて生きてきたのでそう感じる体験が少なかった。だから何かもの足りないのだと気づきました。

これまでの人生を振り返ってみると、大学受験時代のアルバイトで通知表が1と2ばかりの子の家庭教師にやりがいを感じたこと、会社で力を発揮できていない人がいるといつも気になってきたこと、会社以外でも、誰かが××やってみたいとかつぶやくと機会をつくりたくなること。

これはみんな、「人が力を発揮する」ということにわくわくするからで、「自分にかかわる人すべてが幸せな世界をつくる」につながっているということにも気づきました。

こうしてわたしは、自分が大切にしたいＷＩＬＬ（軸）に気がつくことができました。そして、なんとなく過ごしてきた自分の人生に、１本の軸が通った気がしました。家族にも恵まれ、それなりに幸せな人生だけれども、自分は何の趣味も好きなことも大した強みもない。これでよいのか？　と思っていた自分の人生が、急に誇らしいものに感じられてきました。

またこれからも、このまま「自分にかかわるすべての人が幸せな世界」をつくり続ければよいのだ、と思えました。自分の「軸」に気づくことは、これほどにパワフルなことです。

6 やりたいことはすべて会社にあった！

これに気づくと、選択する行動も変わってきました。１人でも多く幸せな人を増やしたいと思うと、効果的だと考える取り組みをどんどん社内で発信し、推進することができるようになりました。実施すると、思った以上に順調に進み、成果が生まれてきました。

また、幸せな人を増やすためには、みんな自分は何があれば幸せなのかに気づき、言葉にすることができるコミュニケーションを学ぶ機会がもっとあるといいなと思いはじめました。

自分もそうであったように、本当は自分が大切にしていることがあるのにそれに気づかなかったり、これをするとよいと思うという案を持っていても言葉にする勇気がなかったり、という人が多いのではないかと思いました。また、思っていることをそのまま伝えることができれば、メンタル不調はなくすことができるのではないかとも感じてきました。

自分が何をしたいのか、がなかなか具体的になりませんでしたが、あるとき、「魔法が使えて、何かになれるとしたら、何になりたいだろう？」と考えたとき、出てきたのが、コミュニケーショントレーニングネットワーク®統括責任者である岸コーチでした。女性のまま、岸コーチのように、いろいろな人が軽やかに前進することにかかわれたら楽しいだろうなぁと思ったのです。

ちょうどその頃、みんなで大切にしていたつもりの自分のチームのメンバーが、メンタルヘルス不調になりかけた悲しい出来事がありました。機能するコミュニケーションを拡げるために、外部の講師に講座をお願いするのもよいけれど、自分も教えられたらもっといい。外部の講師と日程調整をしている間に、悲しいことが起きてしまうかもしれない、と考えました。また、わたしは人前で話すことが苦手だけれど、これができれば「こんなことできちゃった！」と思える自分になることができる、とも思いました。

どう考えても岸コーチのようにすごい人にはなれる気はしませんでしたが、「こうだといいな」という具体的な姿は明確になりました。

こんな経緯から、パラダイムシフトコミュニケーションの講師として学び始めました。今でも、講座の前は怖くてたまらないし、しっかり伝えられるのか心配でたまりません。でも、自分の「軸」に気づくことのパワフルさを伝えられるようになりました。

こうして、TISじゃなければもっと活躍できたんじゃないか、就職先を間違ったんじゃないか……という思いはなくなり、むしろ、長年お世話になり幸せに働かせてもらってきた会社で、働く人がより幸せに働くことに貢献したいという思いでいっぱいになっています。

そして、毎日それなりに楽しいけれどやりたいことはとくになかった自分が、いつの間にか、会社でも会社以外でも、やりたいことがいっぱいで、ますます楽しい毎日になっているのです。

7 頑張らなくても成果が出る

今のわたしは、開発リーダーをしていた頃と異なり、難しいことが何もないような感覚で、楽しくやりがいをもって働いています。Ⅰ部に書いた、各種のチーム力向上施策を企画推進したあとの個人業績評価面談での話です。上司は、働きがい32％向上の成果が出たことを高く評価してくださいました。そして、自己評価を「標準」としたわたしに、「控えめに評価した？」と質問されました。わたしは「頑張っていないので……」と返答し、その瞬間、「あれ？」と思いました。わたしは「頑張らなくても軽やかに成果が出る」のが理想だと思っています。まさにこれを実現できたのに……このとき、わたしの中に「成果が出る」＝「頑張って一生懸命する」という大前提があることに気がつきました。

現在、こうすればいいはずというアイデアもたくさん思いつき、楽しく働いています。そして、今わたしが苦労を感じず目指したいことができているのは、「幸せに働く人を増やす」という思いに叶ったことを、長年開発リーダーとして経験を積み、ある程度何でもわかるという「強み」を生かして実行することができているから。

開発リーダーをしていたときは、システムの開発が自分が好きではないことだったので、「頑張る」という感覚が生まれてしまうこともあったけれど、それでも「頑張る」ことができたのは、いつも「幸せに働く人を増やす」という思いでいっぱいだったから。改めて、思いを持って働くことのパワフルさを感じますし、しっかり仕事をしてきて本当によかったと思っています。

とくに新たな能力をつけたわけでも必死に頑張ったわけでもないのに、自分の思いに気づき、小さな行動をし始めることで、そのままの自分で成果が出ます。自分が大切にしたい「軸（ＷＩＬＬ）」に気づくこと、そして、一歩踏み出すのは、それほどインパクトのあることです。

8 組織と個人のパーパスの重なり

わたしは、自分が仕事をする上で、「言ってみないとわからない。聞いてみないとわからない」ということと、「自分にかかわる人すべてが幸せでいる」ということを大切にしてきました。初めて自社の基本理念の「メンバーシップ（構成員としてのありたい姿）」で「意思と意見を表す」あり方、企業を「幸せ追求の社会システム」と定義していることを知ったとき、ハッとしました。

自分が大切に思ってきたことを、会社も大切にしているのだ。自分は間違っていなかったのだ。そう思うことができました。そして、これに気づいたときから、長年、可もなく不可もなくと感じていた会社を好きになりました。

こんな風に、組織と個人が大切にすることに重なりがあり、重なり具合が大きければ大きいほど、組織と人が進化していくのだと思います。こちらについては、Ⅲ部で後藤照典さんに、パーパス・マネジメントについて話していただいています。

PART 10

強みと軸の気づき方

元々やりたいことも強みも不明確だったわたしですが、今はやりたいことだらけで、自分の強みと軸を明確に人に伝えることができます。

わたしは、本書でも取り上げてきたコーチングなど、外部の様々な方のお力を借りて強みと軸に気づいてきました。わたしもそうであったように、他人から見たら強烈な強みに見えることも、本人は気づいていないことが多いものです。だから、他人とかかわりながら気づいていくのが早道かもしれません。

わたしは、今からお話しする3つのワークを何回か実施する中で、自分の強みと、軸が徐々に見えてきました。以下ご紹介します。

1 「人生すごろく金の糸」

日本キャリア開発と京都産業大学が開発した、子どもの頃の出来事を振り返り、共通する軸を探すすごろくゲームです。4人程度のグループを組み、共通のお題について1人ずつ思い出のエピソードを話し、周りの人は話を聴きます。

なぜ、子どもの頃の出来事なのか。人は成長の課程で他者から価値観を刷り込まれてしまうことが多いそうです。そのように鎧をかぶっていても、小学校時代の自分には、本質的な姿が含まれています。

すごろくのお題に従って、他のメンバーの前で話します。たとえばこのような話です。

・「印象に残る先生の思い出は？」というお題で、隣のクラスの新任の女性の先生がおしゃれで、いいなと思っていたという体験
・「好きな給食のメニューは？」というお題で、揚げパンとチョコクリーム。チョコク

リームの入った袋に書かれていた子どもの絵がかわいくて好きだったという体験
・「小学校時代憧れていた人は？」で、同じクラスの色白のかわいかったみほちゃん

上記のような話をし、周囲から気づきのフィードバックをされることで、「かわいくてきれいなものが好き」という共通点に気づきました。

そういえば学生時代、「いずみちゃんって、下敷きひとつとっても、なんかこだわりがあるよね。流行のキャラクターとか絶対持たないって感じ」と言われた体験も思い出したりしました。そうか、何もこだわりがないように感じている自分にも、実は、大切にしてきた価値観があったのだと気づいていきました。

・「小学校時代楽しかったことは？」で、父親の仕事の都合で1年間カナダに住んでいたとき、ベッドやプールのある生活が楽しかったこと
・「感謝している人は？」で、出てくるのは、カナダでいつも遊びに行かせてもらっていた友達のご両親

こんな話をする中「そもそも、カナダの現地小学校に入ってもすんなり溶け込んだのが

すごい」「その後日本でも転校したけれど、そこでも難なく溶け込んだのがすごい」とフィードバックをされることで、自分が割と柔軟性が高いのだということにも気づいていきました。

また、複数人で昔の体験を話していくため、飲み会とはまた違う交流にもなります。昭和なメンバーばかりで実施し、子どもの頃の懐かしい出来事を語ることで、急に心の距離感が縮まった気がします。何だか安心な気持ちなります。気軽に、オンライン飲み会のネタとしても盛り上がるツールです。

この「人生すごろく金の糸」とキャリアカウンセリングについて、Ⅲ部で日本キャリア開発協会さまにご説明いただいています。

2 「Kirari☆Carta」

元々、自分の強みや自分軸に気づくためのワークショップツールとして、友人のキャリアコンサルタントが開発したカードゲームです。

図10-1　Kirari☆Cartaのオンライン画面

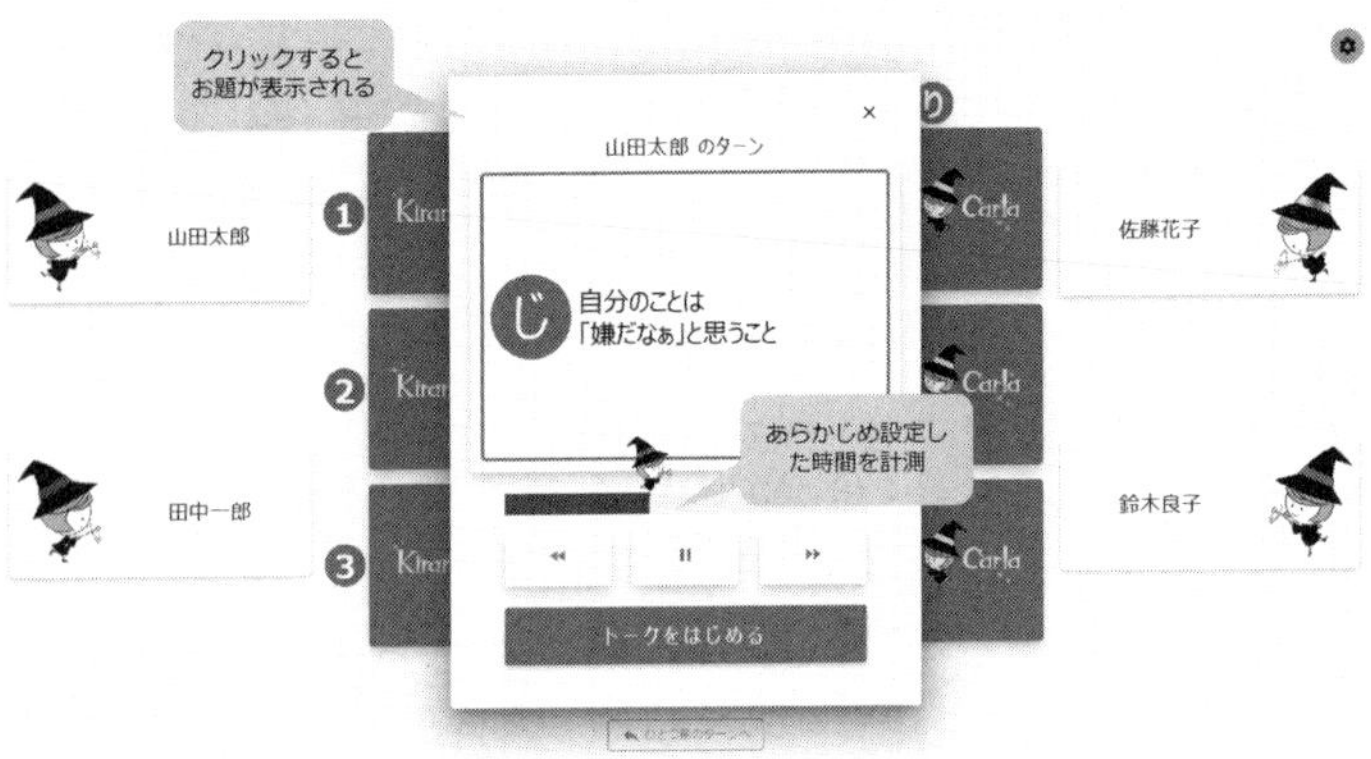

株式会社wiShさんより提供。商標登録 第6219291号

カードをめくり、書かれたお題について順番に語ることで、無理なく自己開示がされ、自己と他者理解が進みます。オンラインで利用できますので、I部でもご紹介したように、座談会で雑談のネタにすることも可能です。

普通の雑談と異なるのは、お題が少しだけ自分の内面に触れる質問であることです。語ることで、自分が何を大切にしているかに気づき、周囲にも伝わるのです。「人生すごろく金の糸」同様、3〜4人で実施することで、自己と他者の違いを認識し、自身の強みや大切にしたいことに気づいていきます。

たとえば、「あなたにとってのターニングポイントは？」というお題では、それまで絶対に人に話しかけたりしない内向的だった自分が、大学入学のため実家を離れるとき、これからは自分から人との接点をつくりにいかないと独りぼっちになってしまうと考え、自分から声をかけ、積極的に行動するキャラに変わったことを語りました。

「やり直したいことは？」というお題では、安全圏の高校を受験したこと、有名企業に入社したいと思っていたのに、当時一般の人はあまり知らなかった株式会社東洋情報システム（現ＴＩＳ株式会社）に入社したこと。もっと別の高校に行ったらどうなっていたか、有名企業にコンタクトして入社できていたらどうなっていたか、を語ることで、「やる前からあきらめて、チャレンジすらしなかったことを後悔している自分。自分の限界を決めずもっと力を発揮したい気持ちがある自分」に気づくことができました。

「あなたが我慢できないことは？」では、話している人の話を横取りしたり、遮ったり、決めつけたりする人がいると我慢ができないという話をしました。これにより、人の話を「聴く」「聴いてもらう」ことを、自分がとても大切にしていることが明確になりました。

3 「ライフラインチャート（モチベーショングラフ）」

子どもの頃からの出来事とそれにまつわるキーワードを洗い出し、そのときのモチベーションをグラフで書き、自己理解を深めるキャリアコンサルティングの定番ワークです。

人生において自分が印象に残っている主要な出来事と、満足度をグラフに表すことで、モチベーションが高いときや低いときに共通することは何か？　が見えてきます。わたしの場合、社会人人生ではモチベーションは平均よりずいぶん上を維持してきました。でも、子どもの頃はさほど高くありませんでした。前にも書いたように、内向的で絶対に人に自分から話しかけたりしなかったため、すべてが他人次第な学校生活だったのです。

思い出されるいろいろな出来事が、前述の「人生すごろく金の糸」「Kirari☆Carta」の気づきと紐づいて、自分の「強み」「大切にしたいこと」がだんだん明確になっていきました。「人生すごろく金の糸」のワークの事前課題がこのチャートの作成だったため、何度も見直す機会がありました。この結果、何度も気づきの機会を得ることができたことが効果的でした。

前述の元々わたしが所属していた部門では、「モチベーショングラフで自分を語る会」を月1回実施しています。

自分の社会人人生の出来事と、モチベーションを時系列に数字化し、仕事で大切にしていることを語ってもらうものです。

以前、リーダー対象の研修として実施したことがありました。自己開示に慣れていないリーダーたちが、どのような反応を示すのか不安でしたが、アンケート結果によると好評でしたし、話をしているリーダーたちはとてもいきいきして見えました。

参考にしたいキャリアモデルの人がいないという若者の参考にしてもらうためにも効果的だと考え、「モチベーショングラフで自分を語る」企画をすることにしました。

副事業部長が、聞くのも話すのもやりたい！　とかなり積極的に言ってくださったことが後押しになりました。実施後毎回アンケートをとっていますが、ねらいどおりの結果を得ることができています。

・XXさんにこんな一面があることを知って驚いた
・XXXさんが仕事で大切にしていることがわかった
・いつも○○○○○とおっしゃる背景がわかった、接しやすくなった

お話しいただく方と事前に30分だけの打合せをしてきましたが、ご自身の半生の整理になったというお言葉をいただくこともありました。以下に、グラフのサンプルを掲載します。ご本人ご了承の元、一部編集させていただいたものです。

図10-2 モチベーショングラフ

氏名（部門）：XXXX	作成日：2021/12

印象に残っている出来事・思い出・エピソードのキーワードを記載してください。
（昇格タイミング、関連する人、等も）

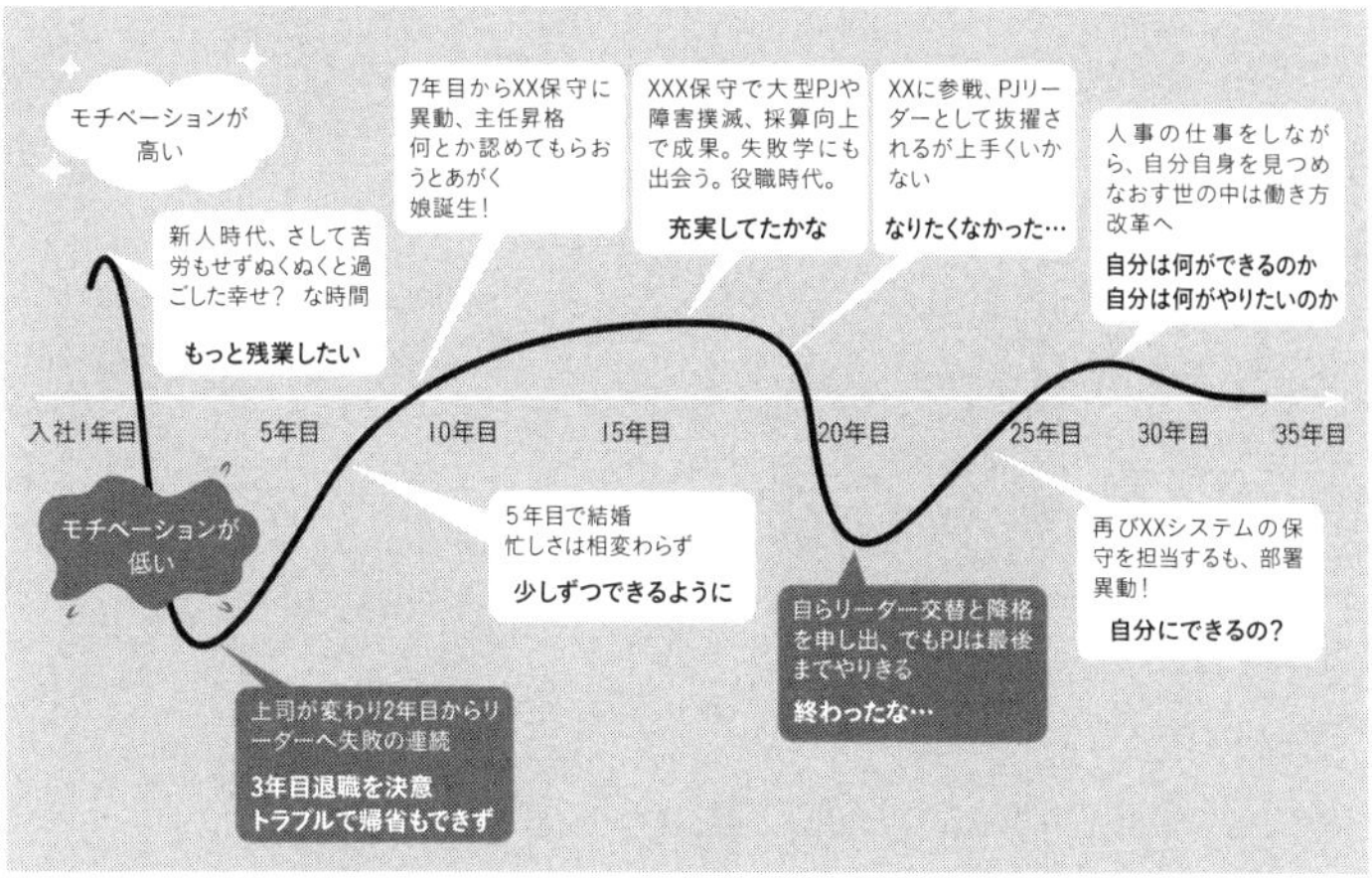
モチベーションが高い
新人時代、さして苦労もせずぬくぬくと過ごした幸せ？ な時間
もっと残業したい
7年目からXX保守に異動、主任昇格
何とか認めてもらおうとあがく
娘誕生！
XXX保守で大型PJや障害撲滅、採算向上で成果。失敗学にも出会う。役職時代。
充実してたかな
XXに参戦、PJリーダーとして抜擢されるが上手くいかない
なりたくなかった…
人事の仕事をしながら、自分自身を見つめなおす世の中は働き方改革へ
自分は何ができるのか
自分は何がやりたいのか
入社1年目
5年目
10年目
15年目
20年目
25年目
30年目
35年目
モチベーションが低い
5年目で結婚
忙しさは相変わらず
少しずつできるように
再びXXシステムの保守を担当するも、部署異動！
自分にできるの？
自らリーダー交替と降格を申し出、でもPJは最後までやりきる
終わったな…
上司が変わり2年目からリーダーへ失敗の連続
3年目退職を決意
トラブルで帰省もできず

モチベーションが高いときにあることは？（ex.最新技術、上司）：XXXXXX
モチベーションが低いときにあることは？：XXXXXX
仕事をする上で自分が大切にしたいことは？：XXXXXX

PART
11

「安心係」の存在と、行動し続けること

わたしが大切にしたいことに向かって行動し続けることができているのには、ポイントがあります。

社外とのつながりと、「安心係」の存在です。

人がいきいきと行動しつづけることができる仕組みとあわせて説明します。

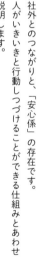

1 安心係

これまでにもお伝えしてきましたが、わたしが職場の風土を向上させる取り組みに興味を持ち行動するきっかけになったのは、日経BP社「課長塾」と、そのときに岸コーチの紹介された、映画『日本一幸せな従業員をつくる！ ～ホテルアソシア名古屋ターミナルの挑戦』でした。

映画の上映会を所属部門でさせてもらったことからスタートし、今につながっています。最初に何かの取り組みを始めることはできるとしても、こういった道を切り開く行動をし続けているのがすごい、と周りから言われることがあります。でも自分としては、頑張ってやっているわけでもなく、楽しいからやっている感覚です。

そう思えることにはコツがあるかもしれません。わたしは、キャリアコンサルタントの養成講座、コミュニケーショントレーニングネットワーク®のパラダイムシフトコミュニケーション講座、株式会社ZENTechの心理的マネジメント講座、株式会社Palle tのＷＩＬＬトレーナー等、常に社外の何かしらのコミュニケーションを学ぶようなコミュニティに所属しており、知り合いを増やし、視野を広げられる環境に身をおいています。

これも、自分としては、勉強のためにやっているわけではなく、楽しいからやっている感覚です。社外の人と組織をよりよくしたいと考える色々な職業の色々な価値観の人、行動を続ける人たちに触れ続けることで、自分のＷＩＬＬがより明確になり、大切にしたいことに向かって行動が継続しています。

そして、そういう社外のコミュニティには、何を言っても安心な相手、本当はこうしたいなどの本音を話し、ただ聴いてもらえる、わたしにとっての「安心係」が何人もいるのです。この方々の存在なくして、今はありませんでした。

わたしは長年上司にも恵まれ、ある程度、これをしたいということもお話しさせていただいてきました。それでも、社内の上下関係にある人には、本音を話しにくい部分があります。何て大きな夢を抱いているんだ、無理に決まっているだろう、そんな風に思われやしないかと不安なのです。でも、社外の人には遠慮なく話をすることができます。

そしてわたしは幸運なことに、社内にもこんな「安心係」として存在してくださっている方がいました。何を言っても、ただ受け取ってくださる方でした。人は、こんな「安心係」がいると、本音を言葉にし、力を発揮し、開花していくのではないでしょうか。

また、前述のように、提案したかったのに何もできないまま異動することになってしまって後悔したことや、かつて、明日話をさせてくださいと言っていたメンバーが、話をする前日、メンタル不調で突然（のようにわたしには感じた）お休みすることになってしまったこと、そして、前日まで元気に働いていたお世話になった先輩が突然死してしまった悲しい出来事から、できるだけ早く行動しよう、明日は何があるかわからないと考えて行動をする習慣ができています。

その日に人生が終わったとしても、「あれを言っておけばよかった」というような悔いのない毎日を送ろう。「続きは天国でやろう！」と思える毎日を送ろう。というのは、わたしが大切にしているあり方のひとつです。

そして、意図を持って行動するから、結果が出ますし、その結果に応じて、また次の行動をし、どんどん結果が生まれるのです。

わたしが学んできたパラダイムシフトコミュニケーションでは、この仕組みを「バイタリティのサイクル」としてまとめています。

2 バイタリティのサイクル

人が意図的に行動しているときに、自然と真剣に夢中になって、様々な能力や資質、感性や感覚、態度や姿勢等が生じ、どのような結果からも次の意図が生まれ、どんどんパワフルにエスカレートしていくサイクルのことです。いたずらっ子や技術者やアーティストが何かにとことんのめり込んで、ときに常人の域を超えてやりつくしていくときに回っている、誰もが持っているサイクルです。その喜びや悲しみを感じ

図9-1

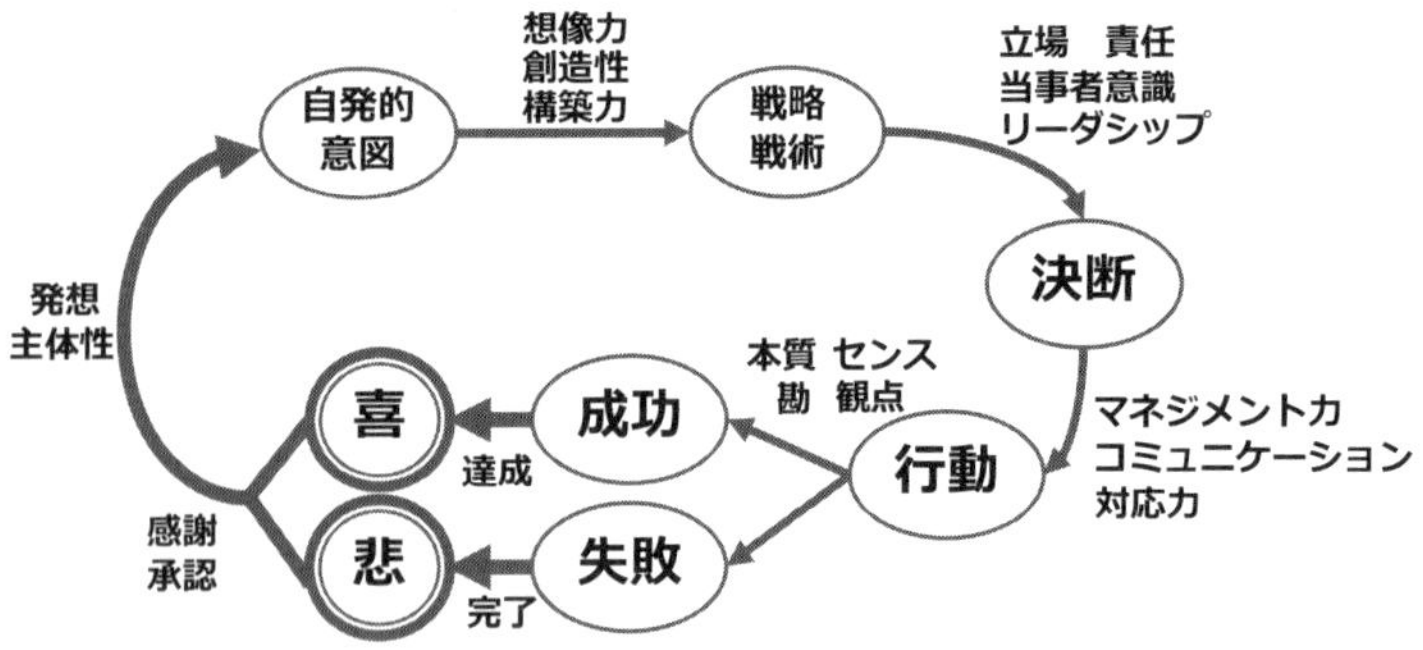

(日経BPムック「課長塾　部下育成の流儀」P81より引用し、TISで作成)

ながら成長していくプロセスで人は甲斐を感じ、幸せを実感できるのです。

また、このバイタリティのサイクルを回しながら行動が続いているとき、自主性、創造性、当事者意識、責任感という、組織にとって望ましい状態が生まれています。部下に当事者意識がない、自発的行動が生まれない、という悩みがあるとき、「決断する」機会を与えず、誰かが決めたことを実行することだけを指示していたりしないでしょうか。

一から考えてもらうことができなくても、AとBのどちらかを選択してもらうだけでも、自ら選択し、行動している気持ちが芽生え、取り組む姿勢が変わってきます。

バイタリティのサイクルのスタートは「自発的意図」です。「意図」の元々の意味は、その人の選択や行動の背景となっているねらいや思惑のことです。目的と混同されがちですが、ここではその人の態度や姿勢などのあり方に影響する「人生のベクトルや軸」のことです。意図が明確かどうかによって、人は選択や行動がぶれないだけでなく、その遂行に必要な様々な能力や資質を発現し、状況の変化にも柔軟に対応でき、その取り組みに甲斐を感じるようになります。意図が行き着く先に様相として描かれるビジョンがあるとされています。

バイタリティのサイクルが回るのは、この「意図」が明確で、「意図」のために様々な「行動」を続けるためです。

そして、サイクルが回り続けるので、苦しさはなく、軽やかに結果が出続けるのです。

©wiSh

Ⅲ部

心理的安全性を深めるために

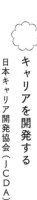

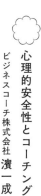

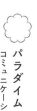

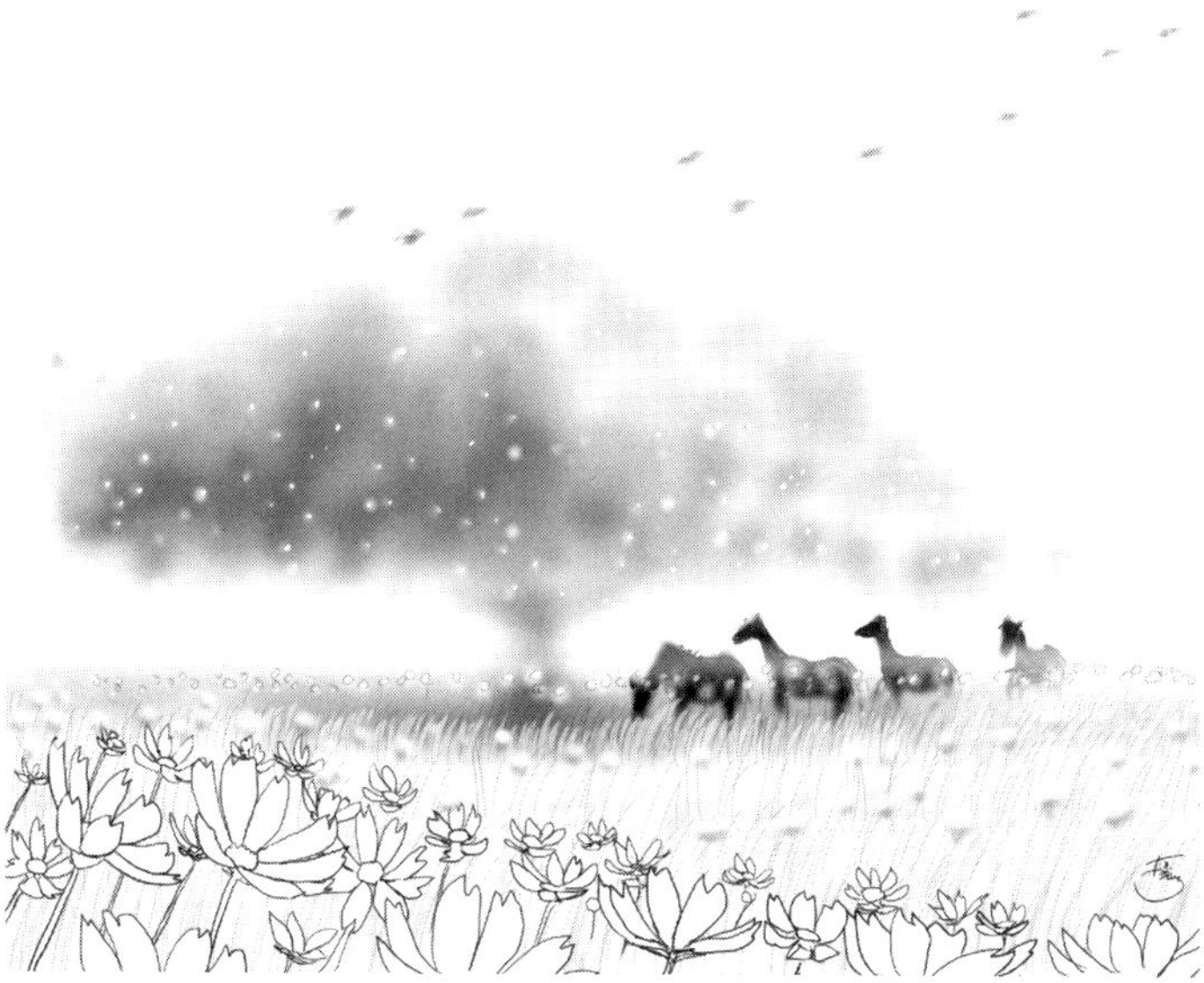

心理的安全性を育む「心理的柔軟なリーダーシップ」

株式会社ZENTech代表取締役 石井遼介

「心理的柔軟性（Psychological Flexibility）」という言葉をご存じでしょうか。本書のメインテーマ「心理的安全性（Psychological Safety）」が、組織・チームの「話助《わじょ》挑新《ちょうしん》」だとすると、この心理的柔軟性は、そのような組織・チームを導くリーダーシップのことを言います。具体的には「たとえ困難があったとしても、自身や組織の向かいたい方向に進めるよう、役に立つ行動をとれる」ことを意味します。「しなやかに行動できる、リーダーシップの素養」と言ってもよいでしょう。この心理的柔軟性は、個々人がトレーニングし磨くことのできる、心理的安全性を高める上でも大切な要素です。

このコラムでは、個々人の心理的柔軟性を下げてしまう「赤いメガネ」と、そのメガネの外し方について解説します。

まずは、次ページの絵を見てください。

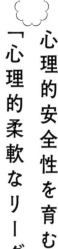

左側の人は、赤いメガネを掛けています。そして、世界が赤いと感じています。ときには、世界が赤く見えることに「怒り」すら感じているかもしれません。ここでいう「赤いメガネ」とは、言語や、思考や、感情でつくられた思い込みやバイアスのこと。私たちは「あの人には言っても無駄」「こんなプロジェクト、うまくいくはずがない……」といった、「赤いメガネ=言語や思考のフィルター」を通して、世界を眺めています。

わたしたちは、人間にはこういったバイアスがあるということを知っているので「上司の機嫌が悪いから、いま企画書を持っていくのはやめておこう」。つまり「不機嫌という感情」が上司の目を曇らせると考え、的確にその対処をしているのではないでしょうか。

世界では 何て赤いのだ…
©wi5h

かけてるメガネが赤かった!!
©wi5h

赤いメガネとは「思考＝現実」のこと

このような赤いメガネのことを、専門的には認知的フュージョンと言います。噛み砕いて言えば「思考＝現実」、つまり思考と現実が混じり合い（フュージョンし）、境目がない状態のこと。頭の中で考えたことが、あたかも「揺るぎない現実」のように感じられる、極めて日常的に「よくある」状態です。

この「思考」とは、頭の中にいろいろと浮かんでくる、言葉のことです。文章を読みながら「あー、あるよね、わかる」とか「本当かなあ？」とか「これ、上司にこそ読んでほしい！」といった言葉が頭の中に流れるとき、それを「思考」と呼んでいます。ですから「思考＝現実」とは、頭の中で考えたことを「真に受ける」と表現してもいいでしょう。

「思考＝現実」の赤いメガネは、とくにチャレンジが必要であったり、激しい変化に対処しなければならない状況下で心理的安全なチームを育み、ビジネスで的確な意思決定をし、個人としてもよりよいキャリアを選ぶ上で、あまり役に立たないことも多いのです。

たとえば、――

・「できないかも……」という思考を真に受け、自分を過小評価し、チャンスでも手を挙げない
・「この属性の人には、これは無理」と、思い込みで人を判断し、せっかくの人材のポテンシャルを活かせない
・「前はこれでうまくいったから」と、過去の成功体験に囚われ、時代の変化へ追随できない

つまり思考を優先させすぎてしまい、文脈感受性（Contextual Sensitivity）――いわば、現実のフィードバックを受け取る感受性――が下がってしまい、「変化の中で的確に軌道修正できる心理的安全性が高いチーム」をつくる上での障害となってしまうのです。

では、どのようにすればよいのでしょうか？

思考に気づき、思考から距離をとる

問題は、赤いメガネに気づくことが、極めて難しいということです。それは、この赤いメガネは、私たちが幼少期、言語を習得して以降、何十年も掛け続けているメガネだからです。赤いメガネは、あまりに自然に私たちの目元にあるため、「この人はきっと、嫌な人だ」「こういう人は仕事ができるはずだ」とか「男性だから○○」「女性だから××」のように、頭の中の思考をたやすく真に受けます。

それらは単に浮かび上がってきた思考にもかかわらず、あたかも現実に「そう」であるかのように、私たちは振る舞うのです（たとえば、今まさに「いや……自分はそんなことはない」という思考が浮かび上がってきたら、それはかなりのリアリティを持って、受け止められるのではないでしょうか）。

そのような「思考に気づき、その思考から距離をとる」ことが、心理的柔軟性を育む1歩目です。これは、ポジティブシンキングの話ではありません。**ポジティブでもネガティ**

ブでも、思考（シンキング）を真に受けている以上、「色つきのメガネ」を掛けていることには変わりはないからです。そうではなく、メガネを外し、言語・思考そのものから距離を置こう、その方がしなやかに物事にアプローチができますから、という話なのです。

思考から距離をとるために、オススメしたい、具体的ですぐに実践できる方法があります。たとえば「上司にどうせ意見を言っても無駄だよね……」という思考が湧いてきたら上図のように「という考えを私は持っているなあ。それはそうとして……」と一言、付け加えてもらいたいのです。

もし、いまこの瞬間に「こんな単純なことで、本当に心理的柔軟性が育めるの？」という思考が湧いてきたとしたら、チャンスです。「……という考えを私は持っているなあ。それはそうとして……」と語尾に続けてください。他にも、「今のところは」「それ以外の可能性は？」「他の見方はあるかな？」「そうかもしれない、そうでないかもしれない」「という一面がありそうだな」「いったん、逆に考えてみると」などのフレーズが、思考から距離をとるためにオススメです。あなたなりのフレーズを考えてみてもいいでしょう。

とくに、どんなときに使うとよいのでしょうか。たとえば新しい方やメンバーから、なにか反対意見を言われて「絶対こうだ」「確実におかしい」「私が正しくて、相手が間違っている」……。このような、白黒でしなやかでない思考が浮かんできたら、ぜひ使ってみてください。「確実に相手がおかしい……という考えを私は持っているなあ。それはそうとして……」といったようにです。

ぜひ、まずは「思考」と距離をとって、赤いメガネを外して柔軟にふるまうところから、組織・チームの心理的安全性を育んでいきましょう。

仕事の幸せ／不幸せが、個人のパフォーマンスに大きく影響する

パーソル総合研究所 上席主任研究員 井上亮太郎

次ページの図を見ていただくと、右上に位置している項目、「肯定的で公正なフィードバック」「組織目標の落とし込み」が、はたらく上での幸せを高め、不幸せを減少させるマネジメント関連の項目になっています。それぞれの項目を解説していきますので、組織マネジメントのありかたを改めて考えるヒントにしていただけますと幸いです。

「肯定的で公正なフィードバック」とは

一般的にフィードバックというと、改善の観点からリーダーはメンバーの「できていないこと」にフォーカスしがちかもしれません。もちろん、そのようなフィードバックが悪いということではなく、時々において必要な指摘・アドバイスであることは言うまでもありません。しかし、データ上で表れていることは、多くの就業者においては「できている

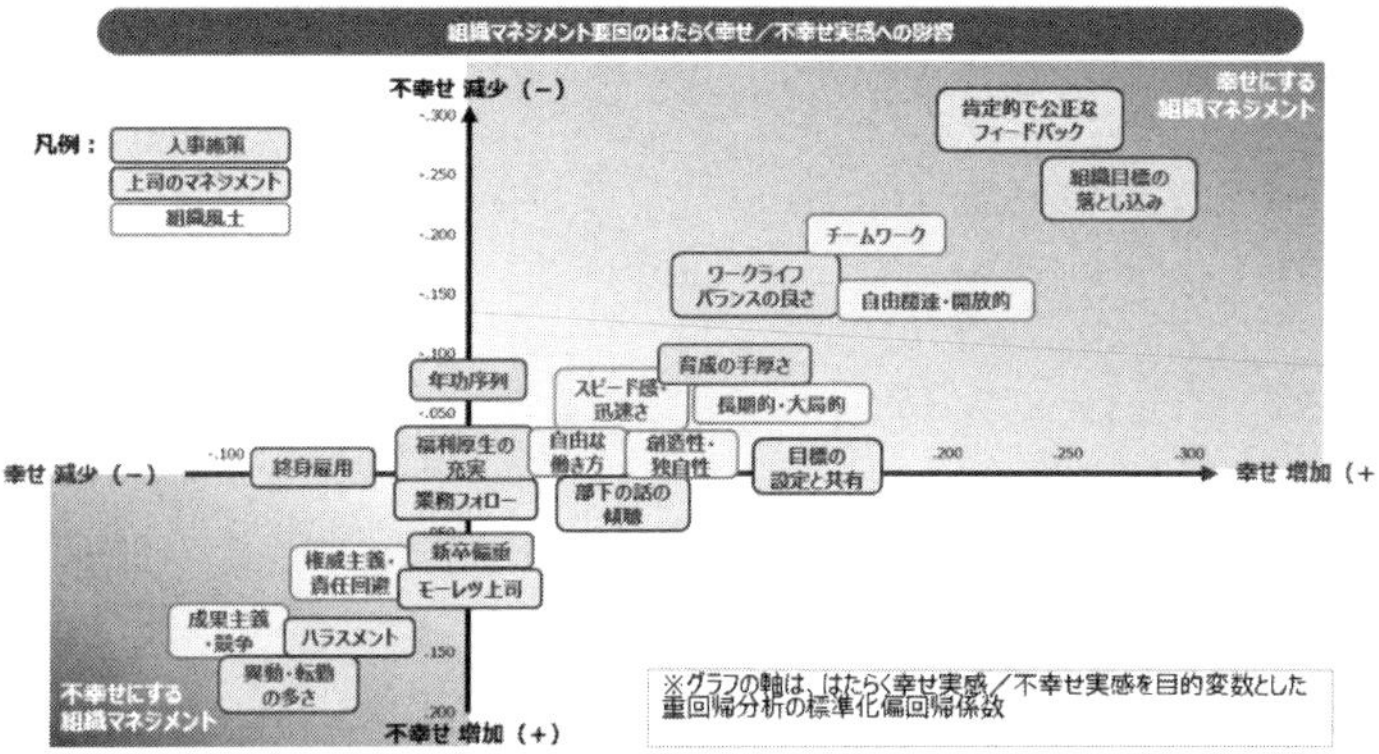
組織マネジメント要因のはたらく幸せ／不幸せ実感への影響
凡例：
人事施策
上司のマネジメント
組織風土
不幸せ 減少（−）
不幸せ 増加（+）
幸せ 減少（−）
幸せ 増加（+
-.300
-.250
-.200
-.150
-.100
-.050
-.100
.150
.200
.200
.250
.300
幸せにする
組織マネジメント
肯定的で公正な
フィードバック
組織目標の
落とし込み
チームワーク
ワークライフ
バランスの良さ
自由闊達・開放的
育成の手厚さ
スピード感・
迅速さ
長期的・大局的
年功序列
福利厚生の
充実
自由な
働き方
創造性・
独自性
目標の
設定と共有
終身雇用
業務フォロー
部下の話の
傾聴
新卒偏重
権威主義・
責任回避
モーレツ上司
成果主義
・競争
ハラスメント
異動・転勤
の多さ
不幸せにする
組織マネジメント
※グラフの軸は、はたらく幸せ実感／不幸せ実感を目的変数とした
重回帰分析の標準化偏回帰係数

出所：パーソル総合研究所+慶應前野隆司研究室

こと」に着目し、「褒められること」のほうが仕事に対するモチベーションが高くなる傾向があります。

要は、バランスの問題ですので、一概に言えないことですが、フィードバックはできるかぎり「肯定的」であることが望まれます。たとえば、メンバーのためと思って、厳しいフィードバックをすれば、それがパワハラと受け止められてしまうことも起こりえます。ここはリーダーとメンバーとの日ごろからの信頼関係に基づくものですので、同じ発言をしても、受け止められたかたは変わってくることを踏まえておく必要があります。心がけたいことは、肯定的なフィードバックを意識しながら、1人ひとりのメンバーを適切に動機づけていくことがリーダーには求められるということです。

ちなみに著者の別の研究では、厳しいフィードバックよりもポジティブなフィードバックを受けている方の方が仕事に関連した学習に結び付きやすいという結果も見えてきています。

もうひとつの観点である「公正なフィードバック」ですが、こちらは上司・部下の関係で、上司が自分自身の基準で主観的な評価を下す傾向のある組織では、部下が不幸せになってしまい、それが個人パフォーマンスに大きく影響するということです。ですから、組織内に客観的な評価軸（昇進・昇格基準など）がはっきりしない場合は、それを整理・構築し、明示していくことで個人のパフォーマンスにもよい影響が期待できるのです。

「組織目標の落とし込み」とは

働く目的や労働観も多様である個人と組織の目標をすり合わせるというのはとても難しいことです。しかし、トップダウンで組織目標がおりてきて、むりやり個人目標に落とし込まれている状況は珍しくありません。本来のＭＢＯの主旨は自己統制ですが、組織側から強いられる落とし込みでは、メンバーの士気は下がるでしょうし、結果として個人パフォーマンスも低下しかねません。理想的には、ふだんから組織内でビジョンや理念が語られ、それらが自然と自分たちの目標設定と実行のプロセスに組み込まれていることでしょう。

まずは目の前の組織課題や目標が自分事として感じられ、それが自分の成したい目標と重なっていくことが重要です。そのためには、メンバーとの適切なコミュニケーションを通じ、組織の課題や方針などを共有し、丁寧に目標を擦り合わせていくことが肝要です。

パフォーマンスを阻害する「権威主義・責任回避」

次に前図の左下にある「権威主義・責任回避」を見てください。上記の「肯定的で公正なフィードバック」「組織目標の落とし込み」と対照的な項目ですので、こちらを考察していただくと、より理解が進みます。

筆者らが行っている国際調査では、日本は「権威主義・責任回避」的な特徴（上層部の決定にはとりあえず従う。社内では波風を立てないなど）が他国と比較して強い傾向があります。

はたらく幸せ実感と企業業績の関係

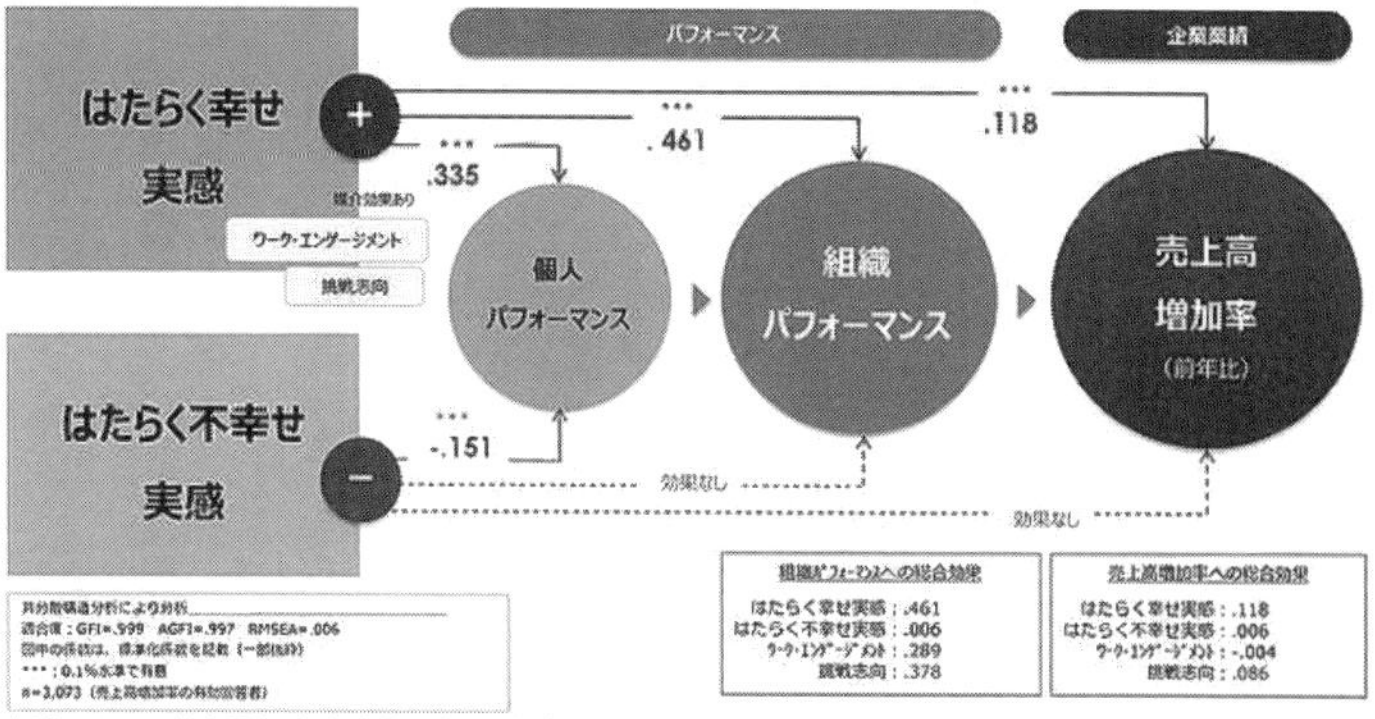

出所：パーソル総合研究所+慶應前野隆司研究室

このような組織文化は、働く幸せ実感とは負の相関関係にあります。権威主義的な組織文化が色濃い組織で働く一般社員層は、働く幸せ実感が低い傾向にあり、管理職層は逆に高い傾向が見られます。

つまり日本に多い「権威主義・責任回避」的な組織文化は、管理職にとっては居心地がいいけれども、一般社員層にとっては真逆なのです。組織文化の改革を先導するのが主に管理職層であることを考えれば、なかなか変革へのインセンティブが働きにくいことは想像に難くありません。組織文化とは、個人の行動に強く影響する要素でもあるので、読者の皆様の組織がこのような傾向がある場合は、会社全体のボトルネックになっている可能性があるかもしれません。

ＴＩＳが心理的安全性の取り組みで成果を得られたのは？

ＴＩＳが社員の幸福度を高めたり、心理的安全性を高めるための様々な施策によって成果を得られたのは、まずは旗を持って矢面に立ったリーダーの姿勢ではないかと思います。もちろん、現場と乖離せず、その後のプロセスを適切にマネジメントできたことによります。少なくともモデル部門でパフォーマンスが上がったことは、職場メンバーの幸福度と組織的な成果（パフォーマンス）との関係が説明できます。

前項の図は、「はたらく幸せ実感を高め／不幸せ実感を高めない（下げる）」ことがパフォーマンスに影響を与えるという統計的な予測モデルです。幸せを感じている人は、「ワークエンゲージメント」や「挑戦志向」を媒介として、個人パフォーマンスを上げていくのです。つまり、組織マネジメントでまずやるべきことは、「働く幸せ実感を高める」ことです。そのような状態が維持できてくると、「ワークエンゲージメント」が高まり、「挑戦志向」が高まっていくので、結果として個人のパフォーマンスが上昇していくという因果関係が他の実証研究においても確認されています。

キャリアを開発する

日本キャリア開発協会(JCDA)

キャリアカウンセラー、キャリアコンサルタントとは

キャリアカウンセラー、キャリアコンサルタントは、個人にとって望ましいキャリアの選択・開発を支援するキャリア形成の専門家です。就職・転職についての悩みはもちろんのこと、職場での人間関係、将来に対する漠然とした不安、もっと自分らしく過ごしたい、子育て・介護・治療と仕事の両立等、人生で遭遇するさまざまテーマについて扱います。また、とくに悩みがなくても、対話を通してその人にとってより意味のある人生を描いたり、ありたい姿へ向かうための成長を考えたり、個々人のウェルビーイングの向上を支援します。そして、そのような専門性の発揮を通じて、企業組織や地域社会など、コミュニティ全体がよりよい方向へ向かうよう、「共に生きる社会」の実現に貢献したいと願って

活動しています。

「人生すごろく『金の糸』～golden thread～」とは

「人生すごろく『金の糸』」は、大学生のアイデアから生まれた、すごろくゲーム型の自己探索ツールです。小学校時代から大学時代の経験をグループで「楽しく語る」「問いに答える」「考える」「書く」ことにより、感じたこと・考えたことを言語化します。京都産業大学の実践的課題解決型教育（Project Based Learning）の授業において、日本キャリア開発協会（ＪＣＤＡ）が提示した課題に取り組んだ学生たちが原案を考えました。２０１４年にＪＣＤＡが商品化し、学生の就職活動・キャリア教育の授業やグループワークのほか、社会人対象にも下記のような場面で活用されています。

☑内定者教育や新入社員研修
☑キャリア形成研修
☑グループキャリアカウンセリングのツールとして
☑チームビルディング

☑職場の活性化・コミュニケーションの円滑化に

若年層はもちろんのこと、ミドルシニア層のベテラン社会人にとっても、学生時代の経験はその人の財産であり、「宝の山」です。すっかり忘れていたり、これまでとくに気にしていなかったりしたエピソードを問われてあらためて語り直してみると、バラバラだと思っていた個々の経験は実は点と点がつながっていて、「自分が生きてきた道筋」「自分らしさ」が浮かび上がってくることに気づきます。それが「金の糸」です。自分の「金の糸」を自覚したり、他者の「金の糸」に触れると、個々の多様性をいとおしく感じたり、それぞれの背景を尊重する気持ちが沸き上がります。自分や他者の生き方を理解し、考える取り組みは、ダイバーシティ&インクルージョンを促進し、組織全体の活力の向上につながります。

『金の糸』のネーミングについて

日本キャリア開発協会（ＪＣＤＡ）会長　立野了嗣

ある人は、「人生には意味がある」と言い、またある人は「人生に元々意味はない」と言います。ならば人生に元々意味があるかないかではなく、意味を見出そうという意図的働きかけが重要なのかも知れません。

人は生まれてから今までいろいろな経験をしています。覚えていることもあるでしょうし、忘れてしまったこともあるでしょう。でも振り返ってみて、何らかの印象とともに生き生きとよみがえる経験、それらは、その人に何かしらの影響を与えたものではないでしょうか。その印象を1つひとつ語る中から、それらの経験を繋ぐ〝つながり〟が見えてきます。

その〝つながり〟が〝自分らしさ〟です。そうして見えてきた自分らしさとは、自分に

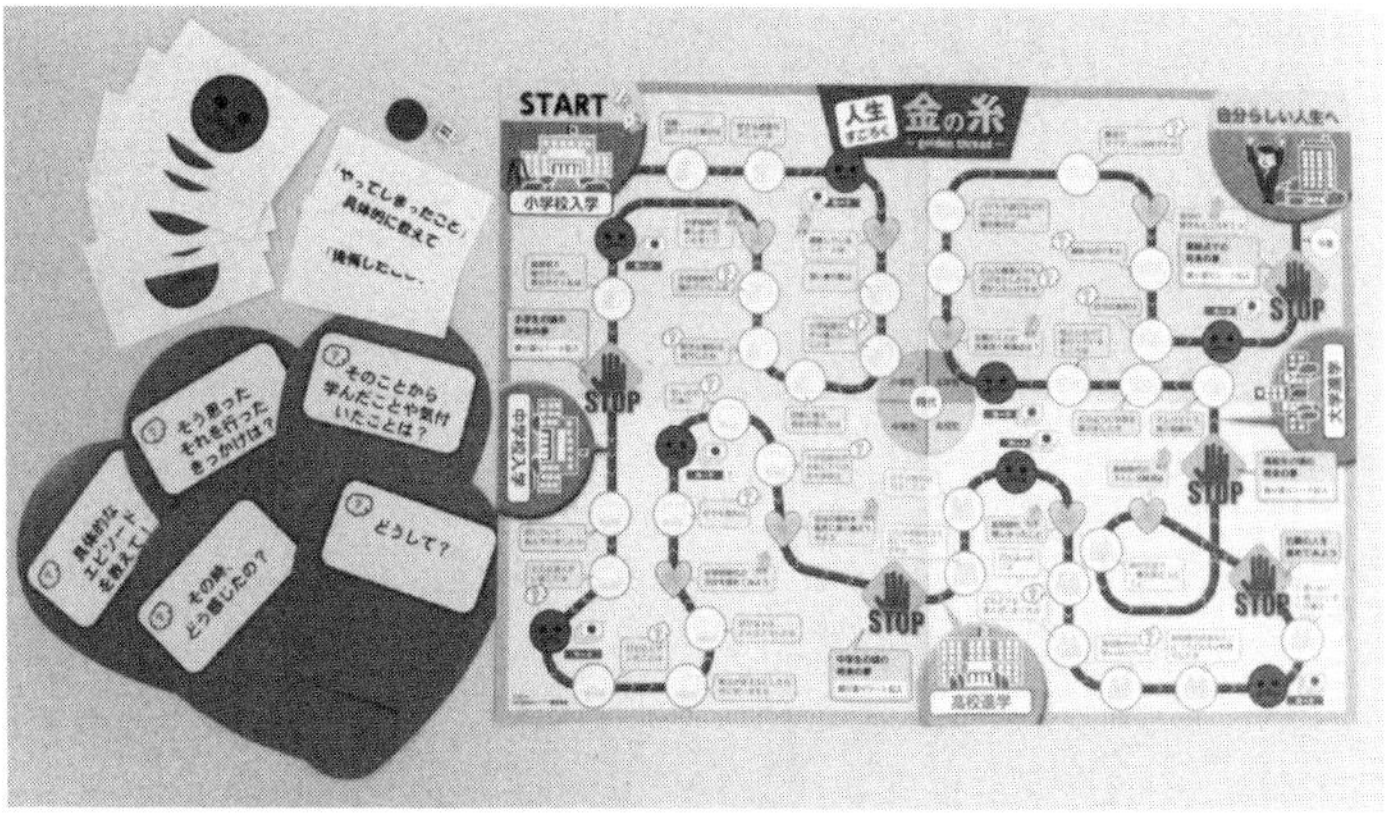

人生すごろく「金の糸」商標登録 第5683318号

とってなにより大事にしたい、価値のあるものです。〝つながり〟を「糸」にたとえるなら経験を振り返ることで見えてくる〝自分らしさのつながり〟は何より価値ある『金の糸』と言えるのではないでしょうか。

この過去を振り返ることで見えてくる自分自身は、過去だけではなく、これからの人生をどのようにしていきたいか、人生を創造して行く将来の方向性もそこには含まれています。「人生すごろく『金の糸』」は、上記のような考えの下に命名しました。

「価値観」と「未来への意思」

株式会社Ｐａｌｌｅｔ代表取締役　羽山暁子

当社でご提供する組織開発プログラム「ＷｉＬＬ ＰＡＲＴｎｅｒプログラム」では、研修の受講と共に、管理職に外部プロコーチが、月1、2回程度の1on1コーチングセッションを実施します。コーチの伴走を通じて、「コルブの経験学習サイクル」（経験→振返りと観察→言語化→実践）の「振返りと観察」「言語化」を起こし、目標達成に向けての行動を発見、コーチとの共有が行動への適度な強制力となり、組織目標達成に向かいます。外部コーチの存在と、コーチ型マネジメントの実践を通して、チームメンバー1人ひとりのＷｉＬＬ（「価値観」と「未来への意思」）を尊重し合いながら、組織の目指す姿の実現が加速していくのです。

様々な組織の伴走をさせていただく中で、組織の管理職が外部コーチをつけることは、以下6点の有効性があると考えています。

1. 自己理解の深化

管理職は、外部コーチとのコーチングセッションで、先入観のない様々な角度の質問をされることで、立ち止まって内省・探索をし、自己理解を深める機会を得ます。コーチングを通じて、自身の価値観や信念、強みや成長の機会について考えを再発見したり、思考の整理をしていきます。これにより、自己理解を深化させ、自己一致感のある、自信を持った意識的なリーダーシップを発揮することができていくようになります。

2. 自己肯定感と承認

外部コーチは、管理職に対して先入観を持つことなく、また利害関係もないことで、肯定的で公正なフィードバックや承認のメッセージを伝えることができます。このようなかかわりによって、管理職は自己肯定感や自己受容感を高め、自分自身の成果や努力を認めることができます。自己肯定感の向上は、幸せな働き方やパフォーマンスの向上につながります。

3. 思考の整理と言語化＝自分自身の成長の加速

利害関係なく、心理的安全性が確保された外部コーチとの対話を通じて、管理職は日々の業務や組織の目指す姿について自身の思考を整理し、言語化する機会を得ます。1人で考えているとどうしても近視眼的、かつ同じパターンに陥りやすい思考も、外部コーチの問いかけやフィードバックによる外部刺激を得て、視野を広げ、新たな気づきを得ます。これにより、自己成長を加速させ、より効果的なリーダーシップを展開することができるのです。

4. リーダーとしての、コミュニケーションスキルの向上

外部のプロコーチからの心理的安全性の高い、受容共感的な在り方、傾聴・承認・問い掛けなどの良質なコミュニケーションを体験することで、管理職は自分自身のコミュニケーションスタイルに意識的になると共に見直し、コミュニケーションスキルを向上させることに繋がります。コーチングを通じて、管理職は自身のコミュニケーションスタイルや影響力を俯瞰し、改善のための具体的なアクションを発見します。これにより、メンバーとの関係構築や信頼の醸成に力を発揮することができるのです。

5. チームパフォーマンスの向上

管理職が外部コーチから受けるサポートは、チームパフォーマンスの向上にも寄与します。コーチングによって、管理職はチームメンバーとの現状の関係性やチームのコンディションを俯瞰的に把握し、チームの在りたい姿に向けて、個々の能力を引き出すためのか

かわり方を考え、見出していきます。この発見と実践の繰り返しにより、チーム全体の心理的安全性が確保され、メンバーはより自由に意見を述べたりアイデアを共有したりすることができ、1人ひとりの組織に対する貢献欲求（エンゲージメント）が向上し、自身の能力を最大限に発揮しながら、組織全体の成果に繋がっていきます。

6. 組織文化の変革

外部プロコーチの伴走によって、組織文化変革の加速も期待できます。管理職がコーチングを通じて自己理解を深め、より人間中心のリーダーシップを実践するようになると、組織の文化も変化します。コーチングを通じて得た発見やスキルは、管理職がチームメンバーをサポートし、彼らの成長やパフォーマンスを引き出すために活用され、メンバーの意欲や創造性が引き出されます。共有のビジョンや価値観に基づく心理的安全性の高い協力的な環境が構築されることで、組織全体の成果や持続的な成長を促進します。

以上のように、組織の管理職が外部コーチをつけ、現場での実践を加速させることで、自己理解の深化、自己肯定と承認、思考の整理と学びの言語化、リーダーとしてのコミュニケーションスキルの向上、チームパフォーマンスの向上、組織文化の変革など、多角的な有効性が生まれます。これらは、チームメンバー1人ひとりが自分のＷＩＬＬを尊重し合いながら幸せに働くために必要な要素であり、外部コーチの伴走により、管理職は自身の幸福感や充実感を高めながら、組織の成果や目標の達成に貢献することができるのです。

外部コーチをつけるときには、コーチとの相性と共に、コーチに何を期待するのか、コーチングを使って何を実現したいのかの目的のすり合わせ、確認が重要です。

わたし自身、コーチをつけてうまく機能しなかった経験があります。ITベンチャーの人事マネジャーとして働いていたとき、会社の研修の一環で半年間外部のコーチに伴走してもらったのですが、最初のセッションで業務の5年後の目標と実現に向けてのKPIを設定しました。進むべき方向と計画は明確になりましたが、やれる！　という感覚よりもむしろ、「こんなに高い目標を達成し続けなければいけないのか……」とプレッシャーを感じ、暗い気持ちになったことを覚えています。セッションごとにKPIの進捗確認があり、計画通りに進んでいないときには責められていると感じることもあり、徐々にコーチング自体が苦痛になってしまったのです。

当時わたしは、コーチとは、「進むべき道と、計画の立て方を教えてくれる人」と漠然と思っていて、うまくコーチを活用できていなかったなと、そのときのことを振り返っています。改めて、外部コーチをつけるときには、コーチとの相性の確認と共に、「自分が何のために、どうコーチを利用したいのか」をすり合わせることが大切です。あくまでもコーチは自分のために存在し、自分が活用する人と機会なので、自分のニーズや期待を伝えることで信頼関係が築かれ、進みたい道が明確になったり、その道に向けての行動が加速し達成が早まるということが起きていきます。

その経験を経て、独立して経営者として仕事をするようになってからは、常に外部コーチをつけていますが、コーチを活用する目的と、活用方法がわかっているので、とてもよく機能しています。外部コーチを活用することで、思考や感情の整理、自己成長、目標達成への助けとなります。

外部コーチを自分の人生やキャリア形成に活用し、効果的なコーチングを受け続けることでより幸せな人生を生きる人がひとりでも増えることを願っています。

心理的安全性とコーチング

ビジネスコーチ株式会社
濱一成

1999年にハーバード・ビジネス・スクール教授のエイミーC・エドモンドソン氏によって、「チームの心理的安全性」という言葉が誕生しました。その後、2012年にGoogleが生産性の高い「効果的なチームの条件」について調査を行った〝Project Aristotle〟にて、最も重要なものとして「心理的安全性」が多くの企業から注目を集めました。そのため、本書をお手に取られている方々の多くは、心理的安全性の重要性については認識されていることと思います。

ただ、本書をお手に取られているということは、心理的安全性をどのように生み出すのかがわからない、ヒントがほしいと思われているのだと推察します。本コラムでは、当社の経験を基に心理的安全性を生み出すためのヒントをお渡しできたらと思います。

心理的安全性を生み出すには、多様性を受容することがとても重要だと考えます。心理的安全性が生み出されると、自分の意見が他者に否定されない、という安心感が生まれ、「地位や立場を超えて自由に発言し合う」ことができるようになります。

しかしながら、人には自分のモノサシ（過去の自身の経験と照らし合わせる）に当てはめて解釈するアンコンシャスバイアス（無意識の偏見）が必ずあります。たとえば、「『ふつう』○○だよね」という発言・考えは自分のモノサシに当てはめている典型の例です。このアンコンシャスバイアスが頻繁に発生すると、相手の発言に反論するような状態が生まれてしまうため、心理的安全性を生み出すことは難しくなります。そのため、「アンコンシャスバイアスはなくならない」「必ず自分にも発生するものだ」と認識し、留意し続けることが重要です。

では、どのようにすれば留意できるようになるのかというと、自他の違いを認識することが非常に効果的であり重要だと考えます。自分と他者は「性格・価値観・経験・コミュニケーションの取り方など」あらゆる点で異なるという認識です。この自他の違いを認識することで、「『ふつう』○○だよね」という受け止めから「彼（彼女）は○○のように考えるんだね」と他者の考え方や行動（多様性）を受容することができるようになります。このかかわりが心理的安全性を生み出していきます。

わたしの個人的な体験について少しお話しします。わたしはビジネスコーチ株式会社に所属しています。わたしは当社の事業（ビジネスコーチングの普及）に強く共感して、毎日楽しく、ワクワクしながら働いています。それ故に、残業を厭わず働いていました。

あるときからマネジャー職を務める機会をいただき、部下をマネジメントする立場となりました。マネジャーになり、部下がこの仕事に動機づいて楽しく働けるようになってほしいと思い、この仕事のすばらしさ、楽しさを発信し続けていました。そして、これまで通り、残業することを苦にせず働いていました。

あるとき、部下の表情が明るくないことに気づきました。そこで今の心情を聞いたところ、わたしの熱量や働き方が負担となっていたことがわかりました。わたしは自分の価値観を押しつける一方的なコミュニケーションをとってしまっていたことに気づけていなかったのです。そして、そのことを部下から言ってもらえる心理的安全性を生み出すことができていませんでした。そこから、1on1やコミュニケーションの取り方を部下1人ひとりに合わせて少しずつ変えていきました。まずは部下のことを知るコミュニケーションを定期的に行いました。またあわせて、わたし自身のことも知ってほしいと思い、リバース1on1（部下がコーチ、上司がクライアント）を提案し、実施しました。1on1及びリバース

心理的安全性とコーチング
ビジネスコーチ株式会社 濱一成

1on1を実施することで、相互理解が深まり、部下がどんな想いを持って仕事をしているのかを知ることができましたし、わたしがどんな想いで仕事をしているかを知ってもらうことができ、以前よりも仕事が進めやすくなったと感じています。また部下からも意図的にフィードバックを言ってもらえるように働きかけたことで、以前よりもわたしへのフィードバックや提案が出てくるようになり、心理的安全性を生み出せているのではと感じています。

わたし自身、多くの企業様に対してコーチング導入などの組織開発をご支援する立場ではありますが、自分自身もまだまだ完璧な1on1やコミュニケーションはできていません。むしろ課題はたくさんあります。しかしながら、昨日よりも相互理解を深め、多様性を受容し、心理的安全性の高い職場をつくり続けることが、よいチームづくりの一歩になると確信しています。道半ばではありますが、これからも1on1、コミュニケーションを丁寧にとりながら、部下が働きやすい職場を実現し、わたし自身も今以上にワクワク毎日仕事ができる状況を目指したいと思います。皆さまもぜひ、自他の違いの認識とアンコンシャスバイアスへ留意いただきながら、心理的安全性を生み出していただき、1on1を通じて相互理解及び相互成長を体験していただきたいです。きっと新しい扉が開き、部下にとってもあなたにとっても素敵な未来につながるはずです。

パーパス・マネジメント

アイディール・リーダーズ株式会社 COO 後藤照典

パーパス・マネジメントとは？

最近、「パーパス」というキーワードがビジネスシーンを中心に取り上げられるようになりましたが、2018年に当社の丹羽真理が出した『パーパス・マネジメント——社員の幸せを大切にする経営』（クロスメディア・パブリッシング）が火付け役になりました。

手前味噌になりますが、本書は日本で最初に経営の文脈でパーパスを語った本になります。これはわたしたちが言っているのではなく一橋ビジネススクールの名和高司教授が『パーパス経営』という本の中で紹介してくださった内容です。

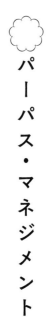

さて、**パーパスとは何なのか？** ですが、このパーパスとは「この組織は何のために存在しているのか」という存在意義のことを示した言葉です。ここには〝大切にしている価値観〟と〝社会的意義〟が含まれているというのが特徴です。

ミッション、ビジョン、バリューとの違い

似たような表現をされるものに、ミッション、ビジョン、バリューというのがあります。正直言って、これは会社によっていろいろで、たとえば我々が言うパーパスをミッションと言う形で定義している会社もあります。ミッションと言いながらもそれは我々の言葉でいうとパーパスになります。なぜなら、ミッションでは、会社の社会的意義や使命を掲げられるからです。

ここでパーパスの例を見てみますと、元々は海外企業の方が先行して多く掲げられていましたが、昨今、日本でもソニーや富士通といった企業がパーパスを導入したことをきっかけに、パーパスを掲げる企業が増えてきています。以下に主な企業を紹介します。

組織パーパスの例

〈海外企業の事例〉

Nestle

生活の質を高め、さらに健康な未来づくりに貢献します

Google

世界中の情報を整理し、世界中の人々がアクセスできて使えるようにする

Unilever

サステナビリティを暮らしの当たり前にする

Patagonia

私たちは、故郷である地球を救うためにビジネスを営む

Southwest

人々に空を飛ぶ自由を与える

〈国内企業の事例〉

Sony

クリエイティビティとテクノロジーの力で、世界の感動を満たす

Fujitsu

イノベーションによって社会に信頼をもたらし、世界をより持続可能にしていく

パーパス・マネジメントとは？

それでは、パーパス・マネジメントとはどういうものか、本題にはいりましょう。パーパス・マネジメントでは、組織のパーパスをすべての起点として、戦略決定をはじめとする経営の全ての行為を実行していきます。

たとえば、全社戦略では「売上を追求することが大事」、事業戦略では「地域貢献を目指そう」、人事方針では「顧客第一主義だ」といったように会社が発信するメッセージに軸がなく、バラバラになってしまうことも多いです。そこで方向性が不明確で不安定なところにパーパスという軸を通します。わたしたちは「何のために存在している

パーパスドリブンな企業の場合

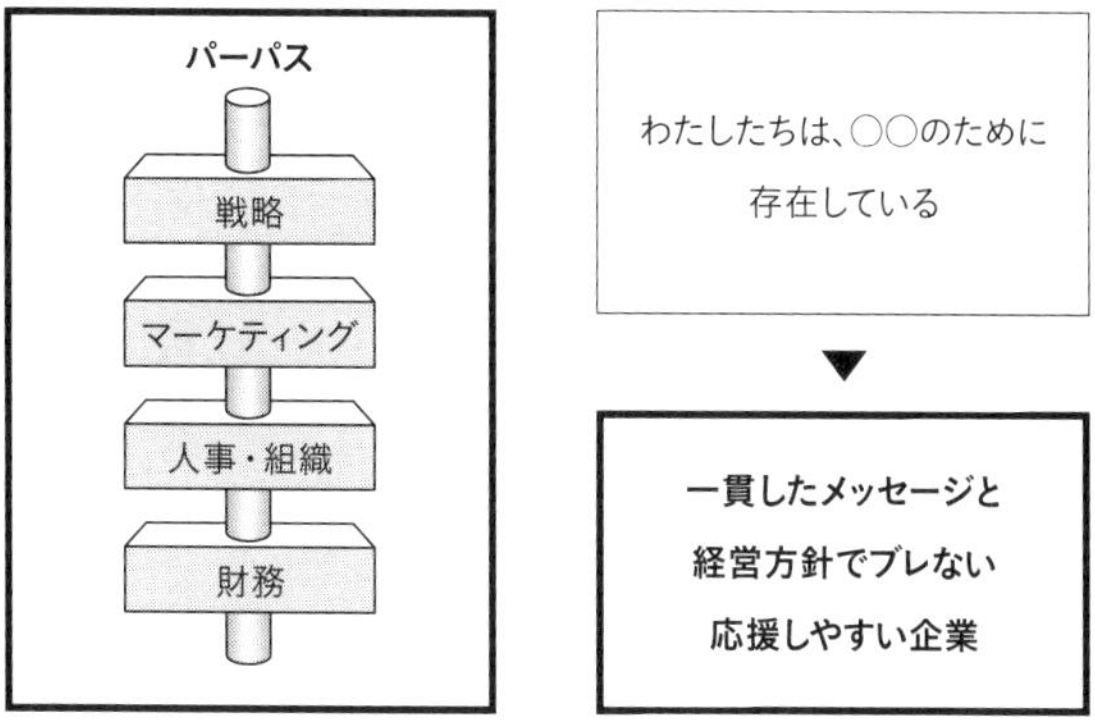
パーパス
戦略
マーケティング
人事・組織
財務
わたしたちは、○○のために
存在している
一貫したメッセージと
経営方針でブレない
応援しやすい企業

のか」という切り口から、戦略、マーケティング、人事・組織、財務といった経営の全ての要素を一貫させます。これが我々が薦めるパーパスドリブンな経営をしている状態です。

個人のパーパスと組織のパーパスの重なりが重要

パーパス・マネジメントをする上では、「個人のパーパス」と「組織のパーパス」の重なりを見出すことが重要です。社員はこの重なりを感じたときに「共感」を覚えるからです。多くの企業で見られるのは以下のような光景です。経営メンバーが組織のパーパスを策定し、全社員向けに発信・説明をしたものの、社員の反応が芳しくない。この理由は、社員1人ひとりのパーパスが明確ではないため、組織のパーパスを見ても共感ができず、「ふーん」「そうなんだ」で終わってしまうことにあります。

そこで社員1人ひとりに「あなたのパーパスって何ですか?」を考えてもらうことが重要になります。そうすることで自分のパーパスと組織のパーパスに共通点を見出したり、重なっているところに気づけるわけです。

個人のパーパスと、組織のパーパスに、
重なる部分を見出すことが重要
▼
共感が生まれ、「自分ごと化」する

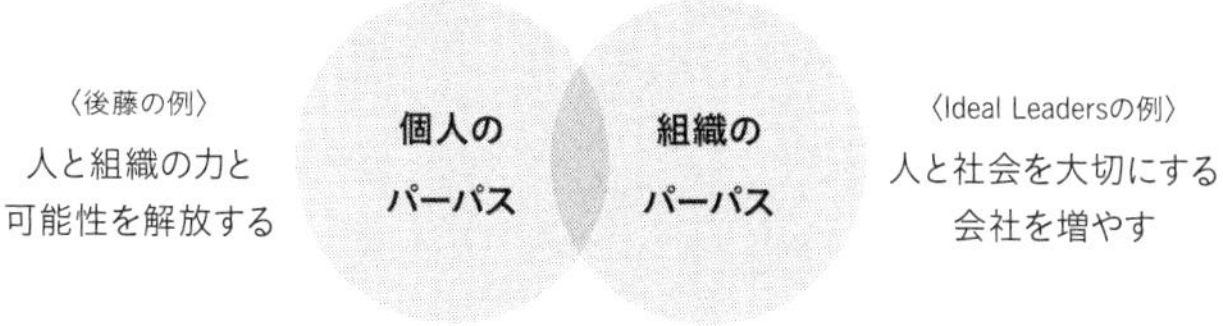
〈後藤の例〉
人と組織の力と
可能性を解放する
個人の
パーパス
組織の
パーパス
〈Ideal Leadersの例〉
人と社会を大切にする
会社を増やす

個人と組織のパーパスが重なっていると共感が生まれ、〝この組織のために自分は力を尽くそう〟とか、〝一生懸命やろう〟というふうに仕事に向き合うことが可能になります。ですから組織のパーパスをつくるだけではなくて個人のパーパスをつくること、これはセットで必要です。

たとえばわたしたちの会社アイディール・リーダーズの例ですが、「人と社会を大切にする会社を増やします」というパーパスを掲げています。

わたし個人は「人と組織のあらゆる可能性を解放する」というパーパスを掲げています。「人と社会を大切にする」ということと「人と組織の力を解放させる」という会社と自分のパーパスが重なり合う部分があり、一生懸命仕事をすることが、組織のパーパスを達成することにつながり、組織のパーパスに基づいて仕事をすることが自分のパーパスを満たすことにもつながります。これはわたしにとって幸せなことです。月曜日にワクワクしながら会社に行ける、という状態になっています。

重なり方は人それぞれでいい

個人のパーパスと組織のパーパスの重なり度合いは、人によってかなり違いがあります。会社のパーパスとどっぷり一緒だという人もいれば、ほんのちょっと被っているぞ、という人もいれば、半分くらい自分と一緒という人もいます。もちろん、たくさん重なってるから偉い、というわけではありません。少しでも重なっていたらやりがいを持って働けたり、日々の仕事に意味を見出せるはずです。そして、仕事をする中でその重なりがだんだんと大きくなっていくと感じる人もいるでしょう。まずは、ほんの少しでもいいから、重なっているところを見出していく、ということが非常に大事になります。

最後に、繰り返しになりますが、「自分が大切にしていることは何か」ということが見えないと、重なり合っているところを見出すことができません。そこを探究していくこと、見出していくことがパーパス・マネジメントでは必要です。

パラダイムシフトコミュニケーション

コミュニケーショントレーニングネットワーク®統括責任者 岸英光

パラダイムとは？

「パラダイムシフト」という言葉をあちこちでよく見るようになりました。ただその本質をつかんでいる人、さらにそれを扱える人は実は多くありません。そして、これからの時代はパラダイムシフトが次々と生じて、それを起こす人と巻き込まれ取り残される人の隔たりはどんどん大きくなるのです。

ではそもそも「パラダイム」とは何か？　学術的には、科学史家であり科学哲学者でもあるトーマス・クーン（1922〜1996年）が「科学革命の構造」（1962年）の中で提唱した概念です。その後、様々な議論が展開され科学以外の分野へ拡大解釈され、一般的には「その時代に支配的規範となるものの見方やとらえ方」とされることが多いです。

ただ、この「パラダイム」が人の認知認識や選択、行動や結果にまで影響を及ぼすことから、わたしは「価値観の枠組み」としています。ものごとに対する認知や認識をゆがませたり、制限する認知バイアスにもなりますし、当然そこから起きる感覚や感情にも影響し、最終的には行動や結果を止める障壁にもなります。

たとえば、わたしたちは地動説が正しいことは知識では理解していますが、日常は天動説で聞いています。皆さんも「日が沈む」「月が昇る」と言いますね。「今日もだいぶ回りましたね」とは言いません。もちろん日常はこれでいいのですが、一歩地球を出るならこの感覚ではいきなり迷子になり、全く役に立ちません。

何より一番怖いのは、クーンが述べている「科学の発展を一番妨げてきたのが科学者だ」という見解です。残念ながら多くの科学者は、自身が専門家であるが故にこの分野のことは「知っている」「わかっている」という立ち位置に立ちやすく、長年積み上げた知識や経験と研究で正しいとしてきた理論に合わない事象を無意識に否定する傾向があるのです。その結果、本質的で重要な真実にたどり着けなかったり、その真実を発見した人を否定したりしてしまいます。これと同じ質のことが、わたしたちの周りのあらゆる場面で起きています。具体的には次のようなことです。

・旧態依然とした仕事の仕方に、お茶を濁すようにつけ加えた働き方改革やDX推進
・成功体験に縛られて、新しい考え方や文化を受け入れられないX世代（1960年半ばから1970年半ば生まれの高度成長期に育った世代）のリーダー
・セクハラもパワハラも無意識にやってしまう中高年
・地球レベルや国民の目線でものを見ることができない、時代遅れの国家観の政治家
・機能しないまま膨れ上がり、変われないまま衰退し続ける産業構造
・いまだに精神論や練習量で選手をつぶすスポーツ指導者
・人の個性を引き出し幸せになれるようにできていない、標準化された教育システム
・「子どもの幸せは学歴と安定」だと、大学と大企業や公務員を目指させる親
・自分に大きな影響を与える社会問題を、他人事にして動かない人々
・本当は変えられるのに「どうせ変わらない」「わたしひとりじゃ」と思っているわたしたち

このように目の前の現実を捉える知覚、解釈、思考や選択、行動や結果には必ずパラダ

イムが作用しています。それらのパラダイムは言葉でできていて、個人にも家庭にも世代にも、組織にも産業にも地域にも、国にも民族にも歴史にも人類という種にも……つまりあらゆるレイヤーに横たわって文化や風土を形成して、そこにいる人の思考や行動を強力にコントロールします。

その結果、強いリーダーが国をどんどん衰退させ、MBAを持つ経営者が会社を潰し、子どものことを一番わかっているはずの親や先生が子どもを壊し、自分のことを一番知っているはずのあなたが自分を扱いきれないわけです。もちろんパラダイムの全てが悪いわけではありませんが、機能しないパラダイムの中で無理矢理変えるより、そのパラダイムを外したりシフトしたりした方が、桁違いに容易に自然に変わります。

コミュニケーションでパラダイムシフトを起こす

では、どうすればいいのか。パラダイムが言葉でできている以上、観察と探究により見つけ、言語化し、変更することができるのです。

たとえば「努力」や「頑張る」を賞賛する日本の教育や文化により、いつしか「辛い思いをしないと成長しない」「大変な思いをしないと成功しない」等のパラダイムができました。その結果、「楽しく成長する」「軽やかに成功する」ことは考えにくくなり、思考も発想も行動も重くなります。ただ現在では少しずつシフトして、スポーツの練習は「楽しく気持ちよく」することが成長につながることが受け入れられ、成功は「頑張るかどうかではない」ことも広く認識されてきました。

このように気づくだけでシフトするものもあれば、こんがらがった知恵の輪のように様々なパラダイムが絡まってなかなか外せないものもあります。また長い時間が経つと堅牢強固になるものもありますし、いつの間にかシフトしてしまうものもあります。もちろんその変更にはたいていの場合、様々な抵抗が生じます。ただ、これらの抵抗を処置することもコミュニケーションで可能なのです。このようにパラダイムを扱うコミュニケーションのスキルとセンスをパラダイムシフトコミュニケーションといい、皆さんにも知っていただき、機能するコミュニケーションで軽やかに前進する方が増えれば光栄です。

コミュニケーショントレーニングネットワーク®のブログでは、子どもから大人まで様々な方の前進の事例をご紹介しています。

対談

「本当はこうありたい、こうなりたい」という想いを引き出すには？

岸コーチ × 
川野

組織風土変革における「抵抗と許可」

この本を通して、わたしが感じたキーワードは「抵抗と許可」。組織を変革する過程の中では、必ず「抵抗」にあいます。それと同時にその変化を受け入れる、つまり、許容とか許可があります。この対談では、読者の皆さまにわかりやすく伝えるために「抵抗と許可」というふうに言わせていただきます。

そうですね。とくに「抵抗」はありそうですよね。具体的にはどのような抵抗があるのか、説明していただけますか？

大きくいうと、心理的な抵抗、思考的な抵抗、身体的な抵抗というものがあります。

心が病んだり、体調を崩したり、と目に見えるかたちで表れるということですね。

実際、組織が変わろうとするとき、それに抵抗する人たちは必ずいます。そのときに、その抵抗する人たちのことを配慮して、決して排除しないことは重要ですね。

変わりたい人もいれば、変わりたくない人もいますから、会社としてのメッセージとして、何に価値を置き、どこまでその変革を「許可」するのかを示すことは大事かもしれませんね。

変わる先がどんなに素晴らしい未来だったとしても、人間は住み慣れた世界に居続けたいと本能的に思ってしまうんですよ。でも、会社がゴーイングコンサーンしていくうえではどこかで変わらなくちゃいけない。

一般的には岸さんのおっしゃるように組織変革では「抵抗」が強くはたらくと

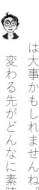

思いますが、わたしの所属しているTISという会社はちょっと違うかもしれません。元々「緩い」文化が醸成されていました。「緩い」という意味は、よい意味では「許可の幅が大きい」。悪い意味では「統制がとれていない」面があります。

世間的に見れば、「いい会社」「のんびりした会社」という表現でいいのかな？

そういった表現でよいと思います。先ほど「許可の幅が大きい」と言いましたが、だからといって、自由で創造的な人ばかりかというと、そういうわけでもないんです。

ある意味、そういった独特なカルチャーのなかで「抵抗」よりも「許可」をする文化が醸成されていた、ということなのかな？

どちらかというと、組織が変わることに大反対な人の割合が低い、という感じです。

TISという会社を表現するのに適切なエピソードを教えていただけますか？

そうですね、毎年のように組織図が変わります。名刺の部門名がしょっちゅう変わることには慣れっこです。運営しやすいように組織体制を柔軟に変えることがTISではあたり前です。他には、自分に必要だと思う研修に、会社の予算で行くことができます。半年に1度の公募制度、年1回の新規事業提案活動など、個人で手をあげて活動することにも「許可」があります。

個人が意思決定できるフラットな組織ともいえますね。ティール組織っぽい。

そうですね。そうなる可能性を秘めていると思います。ティール組織的であるためには、もっと1人ひとりの意思が必要で、ここが成長のポイントです。

元々もっているTISの文化が時代と符合してきた感じですね。

現実としては、「自分」は横において会社や周囲を優先している人が大半だし、そういう真摯に働く人がTISを支えています。とくにわたしたちの仕事はチームで取り組むプロジェクトが中心ですので、「自分」という意識が希薄になりがちかもしれません。でも、1人ひとりが自分の強みに気づき、意思と意見を表せば、なんでもできる組織です。いわゆる「よい人」の多いTISは、もっともっと開花するはずです。

コーチングで人の能力を引き出す

人生で具体的に何をやりたいか？　自分の強みと軸に気づいても、悩み続けて

いました。そんなときに、ふと、「子どもからお年寄りまで色々な人の前進のお手伝いをされる岸さんになれたら楽しそう！」と思いついたんです。

川野さんからそう言われて、なんとコメントしたらいいのかわかりませんが、そんなふうに言われると照れくさいですね。

岸さんのようになれたら、人生がより楽しくなるんじゃないか。そう思って、仕事をしていたら、本当にそうなったんです。

いまの川野さんのような事例は、コーチングではよくあることのひとつです。たとえば、ある経営者が今後の事業展開に悩んでいるとしましょう。「で、これから、どうしようと思いますか？」と聞いても、「それが全くわからないんです」という応答になりがちです。ですから、よく使う手としては「たとえば、あなたが尊敬する松下幸之助だったら、どんなふうに打開すると思いますか？」というと、するすると回答が出ることがあるんです。

それって、どういうことがその人に中で起きているんですかね？

おそらく、「松下幸之助」という具体的な人物像を提示したことによって、いまある問題が想像しやすくなったのです。また、見方を変えると、自分で自分に対してつくっていた抵抗がなくなって、目の前のある問題や課題を許可できたと

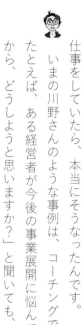

も言えます。

なるほど。そう考えると、わたしが「岸さん」という具体的なありたい姿を描くことで、「副業としてコーチングセッションをやってみようかな?」「コーチだけでなく講師の勉強もしてみようかな?」と自分に許可したことが説明できますね。

川野さんもわたしと出会うまでは「講師の勉強をしてみよう」とは考えてなかったと思います。あるイメージや言葉をきっかけに、川野さんの器が広がっていった。そのことが行動や実践につながっていったんだと思います。

ほんとうは今現場で起こっている現状を打破するアイデアがあるはずなのに、「自分では無理だ」っていう枠がその人の能力を止めてしまう。コーチングには、そうなってしまっている人の能力を引き出す力がありますよね。

現場リーダーが会社を変える

岸さんは組織のなかで「現場リーダー」が重要で、そのようなポジションにいる人たちが組織変革を牽引していくんだと、よくおっしゃっています。

そうです。日本の組織で言えば「課長」がそのポジションにあたります。米国では「ファーストライン・マネジャー（現場リーダー）」が組織変革において大きな役割を果たすと言われています。ある調査によれば、トップマネジメントよりも威力があるとも。

当然、現場の士気が上がれば、それが組織改革につながり、業績にもよい影響が出ますね。

川野さんもTISインテックグループという約2万人もの組織の中で数人で取り組みをしてますよね。

ええ、わたしも充足した体制で組織変革の仕事をしているわけではありません。それでも、会社をよくしていってるという実感はもてています。

本書にすでに書かれていることでもありますが、改めて組織づくりで大切にしていることを聞かせてください。

わたしが大切にしていることは2つです。「安心係」として相手の話を聴くこと。そして本音を引き出すことです。仕事ではいろいろな制約条件があると思いますが、それを全てとっぱらったとして、「本当はどうだとうれしいですか？」

ということを聞いています。

そんなストレートに聞いて、その質問に答えてくれるものですか？

割と答えてくれていると感じます。「川野さんなら、本音を話しても安全だ」と思われているのかもしれません。自分で言うことではないかもしれませんが、社内ではそのように認識されていると思います。

これからの時代は、強いリーダーシップよりも、川野さんのような人の思いと力を引き出す「静かな」リーダーが求められます。T－Sの「安心係」として、よりよい組織に変えていってほしいですね。

はい。そして、そんな「安心係」を増やせるよう、しっかり取り組んでいきます。本日は、お忙しい中、ありがとうございました。

おわりに

以前から、社員が成長し、幸せに働くことで有名な会社を自分の目で確認してみたいと思っていました。この本の執筆中、eumo Academyさん主催の、慶應大学前野隆司教授と島田由香さんと巡る短期フィールドワーク（見学ツアー）に参加させていただきました。

２０１７年に「ホワイト企業大賞」を受賞した、社員の働きがいや幸せを実現する経営を実践している、徳島市にある西精工株式会社。ナットを中心としたファインパーツの製造・販売を事業としている会社です。以下、西社長にご了承いただき掲載します。

見学して感じたこと。すごい。「あたり前」のことが徹底されている！　ということでした。例えば、挨拶。

１人ひとりが、訪問客であるわたしたちの目をしっかりと見て、にこやかに挨拶してくれます。ホテルのスタッフではなく、工場で働く作業着を着た社員の皆さんです。社屋に入るなり、ああ、なんだかすごい場所に来てしまったと感じました。

西精工では、毎朝1時間朝会が行われます。1時間!? そんな暇あったら、工場のラインを動かすべきでは？ とつい思ってしまいました。

まず、誰かが発言し始めると、ぱっと全員がその人に体の正面を向け、話をしている人の目をしっかり見ながら、話を聞かれる姿が圧巻でした。なぜだか涙が出そうになりました。

司会の当番の女性は、司会をしながら、みなさんから出てくるお話を、「〇〇ということと理解しましたが、合っていますか？」と自分の言葉で要約し、相手に確認されていました。場合によっては、鋭い問いかけをされることもありました。

朝会後、西社長がご講演で、「全員がコーチングのコーチのようでしょ？」とおっしゃったのが印象的でした。

今回書籍で紹介した、1年で働きがいが32％向上した部門が各種の取り組み前に持っていた課題である、「個人商店のような働き方」について改めて考えさせられました。

仲が悪いわけではないのに、互いにさほど関心がないように見え、直接的に話をする相手以外との会話がなく、何を考えているかわからずいた状態とは何だったのか？

ここから、互いの価値観や行動特性を理解するきっかけになるような機会をつくることで、互いに知るようになり、会話が増え、仕事の仕方の工夫が生まれ、どんどん活気のある組織に変わっていったことと西精工の朝会が紐付きました。

取り組み前のこの部門は、1人ひとりが互いに無関心な雰囲気だったから、「個人商店のような働き方」をしていました。それでも仕事は成り立っていました。大きなもめごともなく、平和な組織でした。優しい人ばかりです。

ですから、「人に関心を持つ」ことは必ずしも必要ではないことと考えてきました。性格なのだから仕方ないと。

そして長年、なぜみんなしっかりした意見を持っているのに、自分から話をしないのだろう。求められれば話すのに……と疑問に思ってきました。

答えは、「人に関心を持っている感じがしない風土だったから」なのではないでしょうか。各種取り組みの結果、互いの存在を認め、関心を持つ風土ができあがったため、意思と意見が表出し、組織に活気ができたのです。

気づいたとき、「ああ、そういうことなのか」と、長年探し続けていた答えを見つけた気持ちになり、心が震えました。

TISでは全役職者が2回ずつ受講している1on1研修で、聴き方のスキルを学んでいます。でも、こんなコミュニケーションを日常的にできている社員は多くありません。それが、西精工さんではあたり前の習慣なのです。

また、わたしのかけている「みんないい人」「何も悪くない」のポジティブメガネが、事実を見えにくくしてきたかもしれない、とも気づきました。

メガネにはほんと、注意です!

＊　＊　＊

話は変わりますが、ＴＩＳでは、ＴＩＳインテックグループの基本理念であるOUR PHIROSOPHYの浸透活動のひとつとして、「タスク（TIGask）活動」という活動が行われています。グループ会社を含めた全社から20名程度が立候補し、チームに分かれ、経営陣に提言を行う取り組みです。わたしは、第Ｉ期の「仕事を楽しむ」というテーマの活動に参加しました。

・何を「楽しい」と感じるか、は人それぞれ。組織と自分のＷＩＬＬのために自分で決めて自分で取り組む。自分で選択したことをするから、失敗しても成功しても、またやりたいと感じるし、「楽しい」。１人ひとりが自分のＷＩＬＬとＣＡＮに気づく支援ができるとよい

・仕事が「楽しくない」状態には必ずと言っていいほど何かしらのコミュニケーション問題がある。これをなくすために、１人ひとりが持っている意思と意見を軽やかに伝えられるコミュニケーションを広められるとよい

この2点のために、社内コーチを育成し、コミュニケーションの専門部隊をつくる。これがTISインテックグループの「まだ見ぬ未来の景色に鮮やかな彩りをつける」ミッションに貢献するはず。

システム開発のリーダーの立場で、どうやってこんなことが実現するか見当もつきませんでしたが、他のメンバー3人とこんなことを提言しました。

また、本書にも書いた「安心係」のネットワークをつくり、1人ひとりの開花をつくり、TISインテックグループのお客さまとビジネスパートナーさまにもかかわることでかかわるすべての人の幸せに貢献する。ついでに、TISインテックグループ好きなシニアの力が活用できると理想的だなぁ。と考えています。

TISインテックグループに、人とチームの力を開花させるコミュニケーションの専門部隊をつくり、西精工さんのように1人ひとりが進化を続けながら幸せに働き、「明日会社に行くのが楽しみだ」と答える人をひとりでも増やす。そして欲張りですが、さらに将来、そんな人を育む子ども施設をつくる。これが今のわたしの夢です。

謝辞

ここまでお読みいただき、ありがとうございました。

最後になりましたが、ご紹介した取り組みを進め、本書をつくるにあたっては社内外の本当に様々な方のお力をいただきました。名もないＴＩＳの一社員であるわたしがこのようなことができたのは、皆さまのおかげで、まさに心理的安全性４因子の「新奇歓迎」の結果です。

以下、ご本人にご了承をいただいた上でお名前を書かせていただいております。

まずは、ご多忙な中、ご寄稿を快くお引き受けくださった以下の皆さまに感謝を申し上げます。

株式会社ＺＥＮＴｅｃｈ（https://zentech.jp/）石井遼介さん。

何度も何度も打ち合わせしてくださり、アドバイスもいただきありがとうございました。おかげさまで悔いのない本づくりができました。

株式会社パーソル総合研究所（https://rc.persol-group.co.jp/）井上亮太郎さん。

「はたらく幸せ研究会」での発表の機会をありがとうございました。短期間で成果が表れたのは、井上さんと皆さまの研究結果のおかげでもあると思っています。

日本キャリア開発協会（ＪＣＤＡ）（https://www.j-cda.jp/）立野了嗣さん、佐々木好さん。
見知らぬわたしからの突然のお願いにもかかわらずお引き受けいただきありがとうございました。

株式会社Ｐａｌｌｅｔ（https://pallet.work/）羽山暁子さん。
伴走支援のおかげで、ＴＩＳに幸せにはたらく人が増えています。ありがとうございます。

ビジネスコーチ株式会社（https://www.businesscoach.co.jp/）濱一成さん。
同じ思いでいつもトークが楽しいです。ありがとうございます。

アイディール・リーダーズ株式会社（https://ideal-leaders.co.jp/）後藤照典さん。
その昔、西新宿本社で話を聴いてくださり、ありがとうございました。あの日いただいた書籍『パーパス・マネジメント』に書かれていた「しあわせ係」になりたくて取り組んできました。

コミュニケーショントレーニングネットワーク®（https://communication.ne.jp/）岸英光さん。
いつも見守り、適切なご指導をありがとうございます。ＣＴＮで学ぶことで、元々幸せだった人生がより幸せになりました。

そして、わたしがこうして組織づくりの仕事をするようになる前からいつも力をくださってきたキャリアコンサルタント、コミュニケーショントレーニングネットワーク®つながりの皆さま。

ＣＴＮのコーチとしてかかわってくださり、様々なことに気づかせてくださった山本美保さん、森美智代さん、ペ・ホスさん、松川菜菜さん。いつも背中を押してくださる田中タクさん。長年ずっと、いつでも川野さんの力になるよと言ってくれてきた松谷真弓さん、石井恵子さん。

連日色々話を聴いてくれてきた友人の浅井明紀子さん、衛藤節子さん、吉武秀美さん。「いつもと違うことをするのはドキドキするけれど、やった後はいいことしかない」といういつもわたしの背中を押してくれる名言をつくった、友人の難波佳世さん。

また、今わたしが幸せな社員としてＴＩＳで働くことができているのは、本書籍の作成や、人生を変えたと言ってもよい日経ＢＰ社課長塾の受講をはじめ、様々な機会を下さった、尊敬する上司のみなさまのおかげです。

桑野徹さん。お会いする度にお声がけくださり、ありがとうございます。桑野さんの作られた部門で、技術ＫＩをはじめとする仕事の基本を学び、今があります。

岡本安史さん。ほんの少し何かのついでにお話しした、おせっかいおばさんの話を覚えてくださっていて驚きました。自信になっています。ありがとうございます。

清水育夫さん。その昔、全く目立たなかったわたしに、何で川野さんが役職者じゃないの？　と言ってくださってありがとうございました。今に至る様々な機会を本当にありがとうございます。

山田圭介さん。主任になりたい、と言ったら、「それや！」と喜んでくださり、ありがとうございました。自分で言ってもいいんだ、と安心しました。また、昇格試験で当時の人事部長、堀口信一さんが褒めていた、という話を伝えてくださり、ありがとうございました。人と人とのコミュニケーションを大切にすると語ったわたしの考えを人事部も評価しているのだとわかり、自信になりました。

武石直紀さん。異動が決まっているわたしに、考えをお伝えする機会をつくってくださり、ありがとうございました。不安だけれど話をする、という行動ができたことで今があります。

伊藤浩人さん。映画『日本一幸せな従業員をつくる！』をよいと言ってくださりありがとうございました。週1回必ず大阪に出張くださり、安心できました。

藤井隆司さん。部門も異なるのに、わたしの興味を覚えていてくださり、事業部の育成担当をさせてくださり、ありがとうございました。やるとよいのではと思ってきた取り組みを次々に実現させていただけたことで、今があります。

谷口元英さん、システムリリース後のお忙しい中、お時間をつくって話を聞いてくださり、ありがとうございました。

中森雅人さん。色々な新たな取り組みをさせてくださりありがとうございました。偉くなられてもなお、新たな学びをされてキャリアコンサルタント資格取得。自慢の上司です。

谷口史行さん。いつもお伝えしていますが、課長塾に行かせてくださり、ありがとうございました。そして、いつも冷静にそして熱く一緒に取り組みを進めてくださり、ありがとうございます。

森繁紀さん。信じてまかせてくださり、相談すれば速攻でレス。いつもありがとうございました。森さんのおかげで、企画職に転身することを選択でき、今があります。

また、実績のない取り組みを次々実施し、これでいいのか……と不安になりそうな時、ちょっとした一言で勇気をくださってきた様々な方々がいらっしゃいます。

今井慎五さん。何か取り組みをする度に、よかったよ、とチャットくださり、ありがとうございました。見ていてくれる人がいるのだ、と安心することができました。

西端千佳さん。いつも取り組みに賛同くださりありがとうございました。西端さんの率直でさばっとしたお話に、いつもほっとしています。

中村友彦さん。いつも丁寧きっちり、ありがとうございました。中村さんのおかげで、いいと思ったことはすぐやろう、と思えています。ゆっくりされてくださいね。

林田祐依さん。何をお願いしても、快く素早く丁寧。ありがとうございました。部会で使った「明珠在掌」のイラスト、ほんとうに素敵でした！

佐藤公宏さん。わたしの誘いに、いつもフッ軽にのってくださり、ありがとうございます。佐藤さんがいなければできなかったことがたくさんあります！

神川和人さん。色々な取り組みを、よかったと言ってくれて、いつものってくれて、そして色々な思いをきかせてくれて、ありがとうございました。

松本義男さん。ほんとうに忙しい中、いつも、何をきいても何を相談しても丁寧に対応してくれてありがとう！　松本くんが、「いいと思います」と言ってくれることで安心できています。

大﨑晴彦さん。ペ・ホス講師をお呼びした役職者座談会の後、よかったと思いますよ、とぼそっと言ってくださりありがとうございました。少し不安がやわらぎました。

平尾光さん。なんでも大丈夫です、と言ってくださり、ありがとうございました。平尾さんにお話ししてみたいな、連絡してみようかな、とふと思うことがあります。

田島慎之介さん。おかんと言ってくれてありがとう。いつも頼もしく思って見守っています。これからも。結婚おめでとう！

吉田智さん。吉田さんがいらっしゃらなければ、チームのみんなもわたしも、今はなかったかもです。社員以上にお客さまとＴＩＳを大切にしてくださり、ありがとうございました。

吉田拓郎さん。いつもうれしい声を伝えてくれて、一緒に取り組んでくれて、ありがとうございます。OPのタスク活動に誘ってくれたことにも感謝しています。

その他、一緒に取り組み、本書の作成にあたって何度もお話をきかせてくださったTISクレジットSaaSユニットの皆さま、本当にありがとうございました。

3年前の中期計画で、「CBUを保守開発のお手本ユニットに」と言っていましたが、あっという間に実現した気がしています。

異動してからお世話になっている皆さまにも感謝を申し上げます。

電子書籍でなくて本にしてもいいのでは？　と言ってくださった、株式会社日本能率協会コンサルティングの星野誠さん。いつもお力をいただいている仁木恵理さん、松井俊也さん、盛田悠平さん。いつもアイデアを尊重してくださる森雅也さん。本書に記載した成功事例を全社展開する計画を作ってくださった松崎美保さん。おふたりの優しさに見守られ、行動を続けることができています。

わたしの体験談で涙してくださった!?　有村大さん。大切なプロジェクトにかかわらせていただく機会をくださっただけでなく、散らかった原稿をお読みくださりありがとうございました。

細谷悦子さん、覚野千春さん。いつも丁寧な助言をありがとうございます。

森田裕之さん。安心係として話しを聴いてくださり、色々な方とつないでくださり、ありがとうございました。まさかの同じ部門に。これからもよろしくお願いします。

寺本美穂子さん。わたしの好きでないことをいつもしゃしゃっとすませてくれてありがとう。水谷早悠里さん。いつも開発部門への真摯な思いをきかせてくれて、どんどん成長してくれてありがとう。松本慶子さん。説明不十分でも、時間がなくても、なんとか進めようとしてくださり、ありがとう。

わたしの様々なアイデアを「安心係」として聴いてくださったクロスメディアの阿波岳さん。ピンチの時に話しを聴いてくださった菅一行さん、鈴木愛さん。そして、厳しくも適切にご指導くださった川辺秀美さん。ありがとうございました。

そして、数藤裕子さん、田中基寛さん。大切な友人であり、わたしの「安心係」であるおふたりの伴走がなければ、この本を完成させることはできませんでした。感謝してもしきれません。

そして最後に、子どものころから何でも自分で決めさせてくれた両親と、「安心係」でもあり、TIS社員としての相談相手でもあり、たまに立派なコーチにも思える夫と、わたしの大好き№1の娘。いつも応援してくれてありがとう！

こうして様々な方のおかげでようやく完成した本書が、お読みくださった皆さまと皆さまの大切な人の幸せにつながるよう、心から願っています。

２０２３年秋　川野いずみ

となるべく、取り組んでいます。

また、各社のご協力を得て、人の話をただ聴き、気づきを促し、組織と個人のありたい姿に向けて伴走するコーチの育成も開始しています。

１人ひとりの才能を開花すること。これが、きっとTISインテックグループのミッション「まだ見ぬ未来の景色に鮮やかな彩りをつける」につながるはずです。

長年、システム開発に携わってきたのでよくわかりますが、うまくいかない仕事には、必ずと言っていいほど、対お客様、対取引先、対社内、何かしら、コミュニケーションに関する問題がありました。
逆に、厳しい条件であるにもかかわらず成功するプロジェクトは、各所とのコミュニケーションが良好でした。

社内だけでなくプロジェクトをご一緒にするビジネスパートナーの皆さまおよびお客さまも一緒に取り組みを進めていくことが理想です。

心理的安全なコミュニケーションがあたり前に存在する風土になり、大切なことにむかって誰もが必要なコミュニケーションをできるようになれば、本質的でない取り繕いのための報告に貴重な時間と労力をかける必要がなくなり、ものづくりを楽しみ、質と生産性高く、幸せに働く人が増えるに違いありません。

企業を「幸せ追求の社会システム」と定義しているTISインテックグループ。そして、幸せに働く人の生産性は高いはずです！

4．キーパーソン育成のためのkaikaワーキンググループ

各部門に心理的安全性醸成のキーパーソンを育むことと、キーパーソン同士のつながりづくりを目的に、各部の希望者を募り、約20人からなる、ワーキンググループを結成しました。心理的安全性醸成の取り組みkaikaから、ワーキンググループ名をkaikaワーキンググループと名づけました。

2022年度、株式会社ZENTechの原田将嗣さん講師で、月１回1.5時間、ミニ講座と分科会活動のkaikaワーキンググループⅠ期活動を実施しました。

この中で、各部の取り組みを事例にまとめたり、全社展開用のミーティングメソッドを作成しました。

１回あたり1.5時間で、ホームワークもなしとしたため、あわただしさもありましたが、負担も少なく部門を超えたつながりをつくることができました。

半年のⅠ期活動終了時のアンケートでは、自身に何か違いが起きているか？　という質問に、半数以上が起きていると回答しました。

2023年度は、内容をブラッシュアップし、「聴く」「強みのフィードバック」の力を養成するkaikaワーキンググループⅡ期を推進しています。

リーダー層を中心に、半数を占めるⅠ期からの継続希望者と半数の新規メンバーがkaikaにつながるコミュニケーションのエバンジェリスト

このロゴは、１人ひとりの力が集まって大きく開花し、これまでにないことが始まることを吹き出しを花びらに見立て表現しています。

花びらは、永久的に発展・繁栄・繁盛するという意味をもつ「８」枚で構成されています。

re:Born KI kaikaのロゴ

また、方法論はいくらでもある中、各部が取り組みを始める際、あれやこれやがあると混乱すると考え、Ⅰ部でご紹介した、元々わたしが所属していた部門で成果のあがった成功事例を全社に紹介しています。

どれも他部の実績のある取り組みであることから、各部門が安心して取り入れてもらうことができていますし、展開スピードの速さにもつながっています。

大切なことは、どの方法論を選択するかではなく、１日も早く、明るく・すっきり・スムーズに仕事ができるようになることです。

また、全社展開推進の一番の工夫として、全社必須活動とするのではなく、部門やチームが能動的に手をあげた部門やチームに対し、必要に応じて品質革新本部が支援を実施していることがあげられます。これにより、本社系からの押しつけの施策ではなく、現場部門が目指したい姿に向けて自主性に取り組む施策となり、血の通った活動となっているのです。また、本社から無理に推進しなくても、成功事例を知った他の組織が取り組みを真似して広がっていく、理想的な拡散の仕方が実現しています。

○「創造性の発揮」

多様性を歓迎し、知恵とアイデアを結集させて共創・協創することです。

○「心理的安全性・相互信頼」

メンバー同士が健全に意見を戦わせ、生産的でよい仕事をすることに力を注げる関係を構築することです。チームの「心理的安全性」の前提には、１対１の関係の中で築かれる「相互信頼」があります。

６つの力の発揮のベースになるのが、この「心理的安全性」です。

モデルケースを全社に展開

心理的安全性醸成の取り組みを全社に実施していくにあたり、社内の戦略討議会で、前年度から開始していたチーム力向上活動の中でとくに心理的安全性の醸成に着目した取り組みを拡げていくことの合意形成をつくりました。

これにより、品質や生産性に責任を持つ品質革新本部だけでなく、人の育成や働きがい向上も含め、全社施策として心理的安全性の醸成に取り組むことが決まりました。

また、全社員に知らせるためのイメージ戦略として、社長が施策の意義をメッセージ発信する動画を撮影し、全社展開しています。

また、心理的安全性が拡がった結果、１人ひとりの意思と意見が表され、個人の能力が開花し、新しいことが始まっていく取り組みとして、取り組みのコードネームを「kaika」と名付け、グループ会社である株式会社スカイインテックにロゴを作成してもらいました。

ームメンバー全員が「明るく、すっきり、スムーズに」遂行し、TISインテックグループを期待を超えた成果と価値を創出する「最高のチーム」でいっぱいにすることです。

　そしてそのために大切にしたい力を「７つのチーム力」として以下の７つにまとめています。

○「ビジョン・目標の共有」
　組織、チームが何のために存在するのか、どこに向かおうとしているのかの共有です。

○「透明性の確保」
　目標、計画や状況、課題やリスクを第三者にもわかるように可視化し、共有し、対話することです。

○「学習とフィードバック」
　目的に向けて効果的に行動するために、集団としての意識と能力を継続的に高め、伸ばし続けることです。

○「どこでもチーム力を発揮できるコミュニケーション」
　目的にあった最適なコミュニケーション手段の選択とタイミングを設定することです。

○「役割分担・相互理解」
　多様なメンバーが相乗効果を発揮し、成功に向かって心地よく取り組めるよう、役割を定め行動することです。

吐き出せる場づくりが最初の取り組みとして重要だったのです。

また、言いたいことが言えるようになってきた部門には、目指す姿の実現に向けたアクションと振り返りを見える化するフォーマットを提供し、自分たちが目指すところを自ら考え、決めるよう促してきました。さらにYWTでの振り返りもセットで実践しながらチーム力向上のサイクルを自分たちで回していけるように促すなど、最初から部門の自律的な取り組みを前提としているのも特徴です。

これまでTISとJMACは一体となって、re:Born KIの７つのチーム力を定義し、現場目線の実践ガイドブックをつくるなど、考え方の整理を進めてきました。現在も様々な課題の部門に柔軟に対応できるよう、リモートコミュニケーション、見える計画づくり、振り返りなど、re:Born KI導入のオプションを現場目線でアップデートし、グループを越えて発信し始めています。

今や原点的な技術KIの手法だけにとどまらず、様々な手法やツールが組み合わされ現場支援に活かされています。re:Born KIとは、単なる一手法でもなく、手法の寄せ集めでもなく、TISの経営戦略を実現する組織変革コンセプトの１つなのです。

３．re:Born KIが目指す姿

「明るく、すっきり、スムーズに」と「７つのチーム力」

わたしたちが推進しているre:Born KIが目指す姿は、日々の業務をチ

株式会社日本能率協会コンサルティング R&Dコンサルティング事業本部
R&D組織革新・KI推進ユニット チーフ・コンサルタント
re:Born KI推進支援 担当コンサルタント

仁木　恵理

▶TISのre:Born KIの取り組み

コロナ禍で急速にテレワークが進むなか、コミュニケーションの機会が減少し、これまで以上に互いの表情や感情が見えづらくなる懸念に対する打ち手として、TISではリモートワーク時代の新たな働き方を模索しながらチームの力を上げていく取り組みであるre:Born KIをスタートしました。

これまでの長きに渡り技術KIを定着させてきたTISが、新たな働き方にチャレンジするうえでまず注目したのが、組織の心理的安全性でした。技術KIの４つの武器のひとつである「ワイガヤコミュニケーション」の活性化と継続においては、「安全な場づくり」が鍵であり、メンバーが安心して発言できる場づくりを大切にしてきました。

re:Born KIの特徴は、技術KIの従来の要素を残しつつも、専任の推進組織に所属するre:Born KI推進メンバーが中心となり、現場の思いを大切にしながら、各部門の課題に応じた進め方で支援している点です。たとえば、技術KI活動において実施する「問題の吐き出し」は、re:Born KIでは「もやもや吐き出し会」と称し、変革への思いのある部門長の組織に導入してきました。自分の気持ちや考えを、まずは言ってみる。それが受け入れられ、共感されることで「あ、言ってもいいんだ」と思えることが、心理的安全な場の第一歩となります。事業成長に伴い組織が急拡大し、新しい人も増える中で、人と人との関係性が希薄になり、孤立しやすい職場特性、業務特性だからこそ、まずは徹底的にもやもやを計画づくり、仕事の授受において徹底した合意と納得を実現する新しいマネジメントスタイルの習得、気づきを埋もれさせず改善サイクルにつなげるためのYWT振り返り（Y：やったこと、W：わかったこと、T：次にやること）の習慣化などを実践し、プロジェクトの成功と人の成長・チームの成長を実現していきます。

▶TISの人材重視型経営とTIS流技術KI

TISにおいては、旧社名東洋情報システム時代の1995年より、現取締役会長の桑野徹様が主導され、IT業界の先駆けとして技術KIを導入し、会社の急成長を支える取り組みとして長年実践されてきました。

2011年には、当時のTIS、ソラン、ユーフィットの３社合併がありましたが、その際にもリーダー層教育として技術KI教育を展開し、TISの人材重視型経営の一端を担う、TIS流の当たり前の仕事の基本として技術KIを根付かせ続けてきたといえます。システム開発業務ならではの大規模プロジェクトへの適用やプロジェクト管理の仕組み化、人事教育への取り込み、品質革新部署による事業部支援など、TIS独自の取り組みを工夫しながら、時代にあわせ、事業成長にあわせて、常にやり方をアップグレードしつづけていることがTIS流技術KI自走継続の秘訣でしょう。

今や１人ひとりの働き方が多様化し、リモートワークも常態化し、職場の在り方、コミュニケーションの在り方も変わってきました。新しいTIS流技術KIへのアップグレード、従来の技術KIを超える生産性向上に向けて、我々 JMACもTISと伴走し続けています。

2．技術KI計画®解説（寄稿）

株式会社日本能率協会コンサルティングR&Dコンサルティング事業本部
R&D組織革新・KI推進ユニット グループ長
星野　誠

▶技術KI計画®とは何か

技術KI計画®、技術KI®とは、日本能率協会コンサルティング（JMAC）が開発した知識集約型職種の方々（Knowledge Intensive Staff/KIS、以下KISと記載）を対象とした生産性向上に貢献する革新プログラムです（KIは、Knowledge Intensive Staff Innovation Planの略称）。

かつて日本能率協会グループでは、ホワイトカラー職場の課題解決ニーズが高まる1980年代において、産学協同でKISの生産性向上の研究を開始し、KI計画として産業界へ発信しました。そのころ、とくに、技術職場においては、技術の高度化やグローバル競争の激化等に伴い、開発期間短縮、開発効率向上、品質向上などの要求が厳しくなる中、職場では仕事のやり直しや納期遅れが発生し、技術者は慢性的な高負荷状態が常態化し疲弊していました。これら顕在化した問題への抜本的な打ち手として、技術部門を対象とした技術KI計画の考え方と手法を体系化し、計画段階において事前にムリ・ムラ・ムダの排除を行うことによる知的生産性向上と組織風土活性化の同時実現を目指したのです。技術KIは、日本発の組織開発手法として、今では、国内外含め数百社のナレッジワーカー職場に導入活用されています。実際には、日常業務そのものを対象としながら、心理的安全な場をつくりながら本音本質のワイガヤコミュニケーション、問題を事前に発掘し解決するためのチームでの見えるによって企業経営は大きく変わります。

TISインテックグループでは「企業は社会の公器」との考え方をベースに、企業はステークホルダーと「価値交換を通して社会の期待や人びとの幸せに貢献する幸せ追求の社会システム」と定義しています。このような、企業はステークホルダー、ひいては社会のために存在するものであるという考えがTISインテックグループの企業活動の根底に流れています。

成長とは

TISインテックグループでは「ミッションの実現性の向上」と、ステークホルダーとの「価値交換性の向上」の２つを成長と定義しています。「ミッションの実現性の向上」とは、TISインテックグループが掲げるミッションの実現度が高まること。それはすなわちTISインテックグループの社会における存在意義が大きくなることを意味します。また「価値交換性の向上」とは、TISインテックグループとステークホルダーとが交換する価値の質・量の増強、言い換えれば価値交換における互いの満足度が大きくなることです。TISインテックグループはこれら２つの本質的な成長を目指しています。

TISでは、３社合併前の株式会社東洋情報システムの時代から、１人ひとりを大切にしたチームで生産性高く仕事をするための取り組みをしてきました。現在は本書にもご協力いただいた様々な会社のお力をいただき施策を遂進していますが、株式会社日本能率協会コンサルティング様には、1995年の活動開始当初より伴走いただいています。

からです。TISインテックグループでは、オネストの他「オープン」「パイオニアリング」などのスタイルを大切にしています。これらはTISインテックグループ経営の意思決定から企業活動全体にまで貫こうとするわたしたちの信念でもあります。

ポリシー

TISインテックグループがもっとも大切にしている経営政策は「人のためにあること」です。なぜなら企業は人の集まりであり、企業を取り巻くステークホルダーもまた人だからです。人を忘れた経営からは良質な企業活動は決して生まれません。他にも、良き社会の一員として社会規範や社会の期待のさらに上を歩むことを徹底する「社会を超えること」や、合目的的経営を目指す「目的に向かうこと」などを主たる経営政策としています。

メンバーシップ

メンバーシップとは、TISインテックグループ構成員の行動指針です。そこでは「良き社会のメンバーとして」、および「意思と意見を表すメンバーとして」「進化を担うメンバーとして」の振る舞いがあげられています。

たとえば「良き社会のメンバーとして」は、TISインテックグループ構成員である以前に良き社会の一員であることを求めたものです。また、他の２つの指針においては人間らしく自分の存在をアピールし、個性・能力を存分に発揮することを願っているものです。

企業とは

企業の目的についてはさまざまな考え方があり、どのように定めるか最後に、わたしが働くTISインテックグループとTISについてご紹介したいと思います。

1．TISインテックグループの基本理念

TISインテックグループには「OUR　PHILOSOPHY」という基本理念があります。

TISインテックグループが大切にする考えやあり方は、ここにまとめられおり、全ての営みはこのOUR PHILOSOPHYを軸に行われます(https://www.tis.co.jp/company/policy/philosophy/)。

ミッション

ミッションは、TISインテックグループが果たすべき社会的役割であり、TISインテックグループの存在意義です。ここに掲げた「ムーバー」とは、世の中を新しい世界へと動かしていくモノやコト、システムを生み出す人のことです。つまりTISインテックグループおよびTISインテックグループ構成員のことです。TISインテックグループはデジタル技術を駆使したムーバーとして、未来のまだ見ぬ景色の中に、社会を魅了する斬新な可能性や選択肢の提供によって鮮やかな彩りをつける存在でありたいと考えています。

スタイル

企業行動のもっともベースとなるあり方は「オネスト」——正直、誠実であることと考えています。なぜなら、オネストは信頼のための不可欠な要件であり、ステークホルダーとの価値交換の大前提となるものだ

巻末

TIS流仕事の仕方

[著者略歴]
川野いずみ（かわの・いずみ）
TIS株式会社所属。1994年、名古屋大学経済学部卒業後、株式会社東洋情報システム（現TIS株式会社）入社。1999年の育児休暇後も含め、一貫して開発チームリーダーとして、信販・クレジットカード系システム開発を担当してきた。日経BP社「課長塾」研修の受講をきっかけに、キャリアコンサルタント、CTN（コミュニケーショントレーニングネットワーク®）を知る。
2018年より、開発チーム運営の傍ら所属事業部の育成や働きがい向上施策の企画推進を担当。2022年4月、品質革新本部に異動し、TISインテックグループ社員約2万人およびビジネスパートナー様を対象に、チームとメンバーの開花を目指す各種取り組みを企画推進中。
情報処理技術者試験プロジェクトマネージャ、国家資格キャリアコンサルタント、メンタルヘルス・マネジメントⅠ種、ビジネスコーチ社認定ビジネスコーチ資格を保有。長年のリーダー経験も生かし、社内だけでなく副業としてもコーチングセッションを実施している。

静《しず》かなリーダーが
心理的安全性《しんりてきあんぜんせい》をつくる

2023年11月11日　初版発行

著　者　川野いずみ

発行者　小早川幸一郎

発　行　株式会社クロスメディア・パブリッシング
〒151-0051 東京都渋谷区千駄ヶ谷4-20-3 東栄神宮外苑ビル
https://www.cm-publishing.co.jp
◎本の内容に関するお問い合わせ先：TEL（03）5413-3140／FAX（03）5413-3141

発　売　株式会社インプレス
〒101-0051 東京都千代田区神田神保町一丁目105番地
◎乱丁本・落丁本などのお問い合わせ先：FAX（03）6837-5023
service@impress.co.jp
※古書店で購入されたものについてはお取り替えできません

印刷・製本　株式会社シナノ

ISBN978-4-295-40859-8　C2034